Albrecht Reuß

Über **Schwaben**
und den **Ruhrpott**

– und das, was dazwischen liegt
und immer Verspätung hat

Dortmund

Blaubeuren

Satirische Kurzgeschichten

Gruß an alle.

Albrecht Reuß, Über Schwaben und den Ruhrpott –
und das, was dazwischen liegt und immer Verspätung hat, Dortmund 1999
Alle Rechte liegen beim Autor.
Kontakt: Albrecht.Reuss@gmx.de
Herstellung: LIBRI Books on Demand, Norderstedt
ISBN 3-89811-346-9

Dieses Buch wurde bestimmt nicht nach der neuen Rechtschreibung erstellt,
kommt dieser aber näher als der alten.

Ich kam mit null Jahren zur Welt und realisierte das zweieinhalb Jahre später. Doch da war schon nichts mehr daran zu ändern.

Dann passierten viele lustige Dinge.

Und zwar in der Regel auf meine Kosten.

So viele lustige Dinge, dass ich sie eines Tages angefangen habe festzuhalten. Manche mehr, manche weniger. Und als es ziemlich viele waren, die lustigen festgehaltenen Dinge, machte ich die bemerkenswerte Entdeckung, dass sie in der Regel von meinem Leben handelten, die Dinge, und dass sich dieses Leben ausgerechnet in Schwaben und im Ruhrpott seine Späßchen suchte, also dachte ich: Das ist es! Ich mache ein Buch!

Denn es gibt vielleicht Bücher über Schwaben und über den Ruhrpott, aber nie über beides, man kann ja auch nicht Daimler und Marx zusammen in einem Satz nennen.

Ich muss zugeben, dass ich manchmal zu stilistischen Übertreibungen neige oder mich zur Ergänzung der Geschichten einiger Freunde bediene, daher sollte man besser nicht erschrecken, wenn der Ich-Erzähler im einen Kapitel umkommt, um im nächsten munter seinen nie erlernten Beruf weiter auszuüben, bevor er dann endlich Abitur macht.

Aber zumindest auf der ersten Seite möchte ich eine gewisse Struktur verfolgen und daher ganz am Anfang beginnen. Zumindest mit dem, was ich noch weiß von damals, als die lustigen Dinge zwar passierten, sich aber überaus selten von alleine ausformulert aufs Papier zauberten.

Die frühe Kindheit

Ich war ein braves Kind. Allerdings leiden brave Kinder in besonderem Maße unter dem Dilemma, dass manche Vorschriften, so sinnvoll sie erscheinen mögen, in anderem Zusammenhang fatale Folgen haben können. Kluge brave Kinder wenden Vorschriften so an, dass es Sinn macht. Brave Kinder hingegen wenden Vorschriften *nur* an.

Eine der Vorschriften, die ich als braves Kind immer befolgte, war: »Mach' dir die Hände nicht schmutzig!« Daran dachte ich in jeder Lebenslage, und sollte ich einmal ins Stoplern geraten, und das kam in jungen Jahren nicht zu selten vor, zog ich sogleich brav die Hände weg und knallte lieber mit dem Gesicht in die Pfütze. Die Hände blieben sauber. Aber ein Lob bekam ich dafür nie.

Im Übrigen sollte mir diese Verhaltensweise später noch zu Gute kommen. Als ich viele Jahre danach meine Leidenschaft für Fußball, insbesondere die Torwarterei entdeckte, waren zwei Vorteile auf meiner Seite: Ich hatte im Fallen immer die Hände frei, und ich war Schläge ins Gesicht gewohnt.

Als hätte ich es geahnt, ließ ich mir allerdings sehr lange Zeit mit dem Laufen lernen. Und noch mehr als das: Aus lauter Furcht vor dem Hinfallen krabbelte ich am Anfang am liebsten rückwärts. Außerdem sprach ich lange Jahre kein Wort. Denn wer nichts sagte, konnte auch nichts Falsches sagen. Irgendwann konnte ich mich aber nicht mehr zurück halten. Und bis heute bin ich dabei aufzuholen, was ich in den ersten Jahren verpasste.

Die übrige Kindheit

Die Jahre verrannen, und ich wurde schneller alt, als mir lieb war. Da ich allerdings häufiger über »Mein schönstes Ferienerlebnis« schrieb als über etwas Lustiges, ist aus diesen Jahren wenig überliefert. Wir machen daher einen Sprung und steigen wieder ein in einem Sommer der Neunzigerjahre, der etwas bis dahin nicht gekanntes über die Schwäbische Alb brachte: Sonne.

Zwetschgenflut

Das Klima auf der Schwäbischen Alb ist eher als rauh zu bezeichnen. Der Sommer 1997 aber brachte es dennoch mit sich, dass Schwaben von einer einzigartigen Zwetschgenflut überschwemmt wurde. Das Klima war plötzlich überall sehr gönnerisch. Einzige Ausnahme: unser Garten.

Es war September, als das Wunder geschah. Bäume brachen unter der Last ihrer Früchte zusammen, die Nachbarin backte jeden Tag einen Zwetschgenkuchen, und der Nachbar, der sich nie zuvor um seinen Garten geschert hatte, begann nun, in seinen dornigen Hecken so etwas wie einen Zwetschgenbaum zu entdecken, den er mit großem Einsatz gewillt war abzuernten.

In diesen Tagen war es, als meine Mutter heim kam und die Zahl der Zwetschgen an unserem Baum verkündete: fünf. Wir konnten nicht fassen, was geschehen war. All die Jahre zuvor hatte der Baum uns treu mit besten Früchten versorgt, wir hatten es ihm mit liebevoller Pflege in harten Wintertagen und schwülen Sommernächten gedankt, und nun – wir fühlten uns betrogen.

Der Familienrat tagte und gab schnell eine Devise aus, um die Zukunft zu überleben: Nichts anmerken lassen! So zogen wir mit dem größten Korb, den wir im Keller finden konnten, in den Garten hinaus, um die Ernte einzuholen. Es war seltsam: Obwohl wir von unserem Baum sehr enttäuscht waren, wuchs in der Krise die Verbundenheit mit den wenigen Zwetschgen, die trotzdem alles getan hatten, um uns zu gefallen

So sorgfältig wie dieses Jahr hatten wir uns noch nie um die blauen Früchte gekümmert. Bei jeder einzelnen Zwetschge berieten wir, wann der der richtige Zeitpunkt zum Ernten gekommen sein mochte. Emma, Lisa, Heidi und Gerlinde kamen gleich in den großen Korb, Lena ließen wir noch ein paar Tage hängen.

Es war üblich, dass wir unsere Zwetschgen auf dem Wochenmarkt verkauften, ehe wir den Rest für eigene Zwecke verarbeiteten. Um annähernd das selbe Ergebnis wie immer zu erzielen, mussten wir den Preis von 5,60 DM pro Kilo auf 39,90 DM anheben – pro Stück.

Für alle vier Zwetschgen malten wir Preisschilder, auf denen ihre individuellen Vorteile angepriesen waren. Etwa:»Lisa – Besonders zarte Haut, kaum Flecken, sonnengereift – 39,90 DM.«

Die Leute hielten es für einen Scherz, stoppten nur kurz an unserem Stand, lachten und gingen weiter. Einem Touristen war der Scherz 39,90 DM wert. Er kaufte Gerlinde. Eine Woche später hatten wir keinen Erfolg mehr.

Nun kam der zweite Teil: Private Verarbeitung. Aus Heidi machten wir Konfitüre, aus Lisa Kompott, und Emma verarbeiteten wir zu Kuchen. Zugegeben: In diesem Jahr ließen Konfitüre, Kuchen und Kompott ihren charakteristischen Geschmack etwas vermissen, aber Traditionen sind seit jeher nicht für Geschmäcker geschaffen.

Wir warteten gerade auf Lena, um sie für ein Zwetschgendurcheinander zu gewinnen, als das Blatt sich wendete: Eine Nachbarin hatte offensichtlich Wind bekommen von unserer spärlichen Ausbeute und brachte uns einen großen Korb voll Zwetschgen vorbei. Wir sagten natürlich: »Ach, das wäre aber nun wirklich nicht nötig gewesen!« und stürtzten uns im selben Augenblick auf die saftigen Früchte. Der Zwetschgenherbst begann – und Lena konnte noch ein wenig reifen. Jetzt gab es wieder all das, was wir gewohnt waren zu essen. Viel Konfitüre. Viel Kompott. Viel Kuchen.

Nun ergab es sich so, dass die anderen Nachbarinnen in ihrer Hilfsbereitschaft nicht nachstehen wollten, und schon bald stapelten sich in unserem Keller die Zwetschgen. Wir wussten schon nicht mehr, wohin damit, und noch immer gab es Kuchen, Konfitüre und Kompott.

Nun ergab es sich aber weiterhin so, dass der Tourist, der uns scherzhaft die 39,90 DM-Zwetschge abgekauft hatte, Journalist war und einige Tage später einen Artikel schrieb, in dem unsere Zwetschgen als Deluxe- und Sammler-Zwetschgen angepriesen wurden. Nun war auf einmal Zwetschgensammeln in, und das Beste: Es galten nur unsere Früchte als besonders! Von einer Minute auf die andere rannten uns die Leute das Haus ein, überboten sich im Preis für eine Zwetschge, die Nachbarn kauften ihre eigenen Zwetschgen zurück, und wir saßen nur noch da und ließen uns Namen einfallen, 2371 an der Zahl. Als Gottliebin für 85 DM verkauft war, hatte der Spuk ein Ende. Und die ganze Familie schwelgte im Glück.

Da gingen wir noch einmal in den Garten zu unserem glücksbringenden Baum, und was mussten wir sehen: Lena war runter gefallen! Faulige Flecken entstellten ihre Haut. Was hatten wir getan! Wir hatten wir das zulassen können? Und wir wurden gewahr: Das Geld hatte uns völlig den Kopf verdreht. Zutiefst betroffen saßen wir im Kreis um Lena, unsere tapfere Zwetschge, und ließen ihr die letzte Ehre zukommen. Wir hatten sie verraten.

Ordnungsfieber

Eine weitere Vorschrift, die jedes Kind eingetrichtert bekommt, bis sie Unheil über die Familie und insbesondere ihr Haus bringt, ist:»Räum' immer dein Zimmer auf!«

In der Tat ist einer der größten Fehler der Deutschen ihr Hang zur absoluten Ordnung. Doch die Ordnung hat einen Haken. Sie endet zwangsläufig im Chaos.

Es begann an dem Tag, an dem ich Sofies Welt zu Ende gelesen hatte. Ich klappte das dicke Buch zu und wollte es ins Bücherregal zurück stellen. An der Stelle, an der es früher gestanden hatte, bei G wie Gaardner, war noch eine Lücke zu erkennen. Ich schob das Buch hinein – das heißt, ich versuchte, es hinein zu schieben, denn irgend etwas klemmte. Aber hier war es doch gestanden! Ich drückte heftiger. Die Lücke war offensichtlich zu eng. Warum wohl passte es plötzlich nicht mehr hinein?

Natürlich: Ich hatte auf dem Flohmarkt das kleine Büchlein »Wie bin ich erfolgreich« erstanden und es zu T wie Tipps gestellt. Jetzt plötzlich war das Regal zu kurz. Ich musste wohl oder übel einen Buchstaben aussortieren.

Bei Z standen vier Bücher. Die stellte ich aufs darunter liegende Regalbrett, dafür nahm ich die alten Zeit-Magazine heraus. Die aber wollte ich dennoch behalten. Ich tauschte sie gegen die Briefmarken- und Fotoalben. Jetzt war an der Stelle im Regal zu viel Platz übrig. Es gab die Möglichkeit, die Fotoausrüstung umzupositionieren. Dann konnte ich hier die Arzneimittel lagern und dort die Sportzeitungen.

So wurstelte ich noch eine Weile hin und her, nahm schließlich den Meterstab zu Hilfe, maß alles akkurat aus, stellte die Sachen planmäßig zurück und hätte heulen können. Da konnte ja kein Mensch hinsehen! Auf dem mittleren Regal waren alle Bücher von A bis Y aufgeführt, und im Regal darunter standen die vier Bücher mit Z. Das sah eklig aus. Ich musste versuchen, die Regale gleichmäßig zu besetzen. Diesmal ging ich systematisch vor und maß gleich vorneweg alle beteiligten Regal-Einheiten aus. Die ganzen Sachen stellte ich derweil aufs Bett oder verteilte sie im Zimmer. Die Nacht verbrachte ich im Schlafsack auf dem Wohnzimmerboden.

Am nächsten Morgen räumte ich das Regal neu ein, und zwar nach einem ausgeklügelten System. Wunderbar waren nun die Bücher in drei Reihen untereinander eingereiht, die Zeitschriften waren bei den Zeitschriften, die Alben bei den Alben. Nach einem Tag harter Arbeit betrachtete ich stolz mein Werk, das zu allem Überfluss auch noch symmetrisch angelegt war.

Ich wollte mich genüsslich ins Bett fallen lassen, da schrie ich unvermittelt auf. Etwas Hartes hatte sich in meine Wirbelsäule eingegraben – nein, der Pokal! Ich hatte den Pokal vergessen! Wie hatte das nur passieren können? Der Pokal brauchte einen Ehrenplatz, musste von jedem auf den ersten Blick gesehen werden. Schließlich hatte mein Fußballteam für den goldenen Becher alles gegeben, indem es das nötige Startgeld zusammen getragen hatte, von dem dann der Pokal für den 16. Platz bezahlt worden war.

Der Pokal gehörte also in die Mitte.

Ich entfernte einige Bücher zwischen K und L und stellte den Pokal in die Lücke. Wie er nun wirkte! Und was mit den Büchern? Das Spiel begann von vorn. Bücher gleichmäßig auf drei Regale verteilen, Fotoausrüstung umlegen, Kosmetika aufteilen, Zeit-Magazine dazwischen legen, alles zwanzig Zentimeter nach links. Es scheinte alles zu passen, dann hielt ich nur noch den Reisewecker in der Hand. Es war kein Platz mehr. Und nun? Die Sache musste grundsätzlicher angegangen werden. Ich begann, sämtliche Regale meiner elterlichen Wohnung auszumessen. Das in der Küche hatte genau die richtige Länge. Dafür hatte es einen Nachteil: Es war ein Einbauregal.

Da meine Eltern im Urlaub waren, wagte ich das Experiment. Ich sortierte meine Sachen in der Küche ein, und die Gewürze & Co., die sich etwas stauchen ließen, kamen in mein Zimmer, dann sortierte ich die zugehörigen Möbel um – nur wollte dann die Tür in meinem ehemaligen Zimmer nicht mehr zu gehen, da die Spülmaschine zu weit vorstand.

Also nahm ich wieder den Meterstab und maß gleich die ganzen Zimmer aus, rechnete und machte Pläne. Schließlich hatte ich die perfekte Lösung: Die Küche wurde ins Schlafzimmer meiner Eltern verlagert, das Schlafzimmer ins halbe Wohnzimmer, das halbe Wohnzimmer ins Arbeitszimmer und das Arbeitszimmer schließlich in die Garage. Der Clou dabei: Nach meinen Messungen müsste der Wagen, wenn meine Eltern dann wieder kommen, genau in mein altes Zimmer passen – vorausgesetzt, der Beifahrer steigt vorher aus.

Tamagotchi und Tamagotcha

Ich wuchs in eine Generation hinein, die andere Werte besaß als Treue, Redlichkeit und Strebsamkeit. Die Elektronik, und alles, was damit zusammen hing, brachte neue Wertvorstellungen mit sich. Etwa solche: Haustiere sind schmutzig, Kinderkriegen ist nicht einfach und Verantwortung lästig. Wer aber trotzdem nicht auf einen kleinen Balg im Haus verzichten will, besorgt sich lieber gleich einen vollelektronischen, der Tamagotchi heißt und selbstredend aus Japan kommt.

Ein Tamagotchi hat drei Tasten und viele Wünsche. Will er essen – pieps. Will er spielen – pieps. Macht er in die Hosen – pieps. Das Handling ist einfach, man kann ihn in jeder Tasche herumtragen, und ist er tot, drückt man die Reset-Taste. Albern ist das, und sonst nichts.

Da ich dennoch mal wieder den Drang verspürte, up to date zu sein, kaufte ich mir – aus reiner Neugier – so ein Ding für 49,90 DM und begann ein neues Leben als Vater. Was ich nicht wusste: Ich hatte das Nachfolgermodell erworben.

Am Anfang war alles normal. Mein fünfmarkstückgroßer Computer piepste, wenn ihm etwas nicht passte, störte mich aber ansonsten kaum bei meinen Aktivitäten.

Nur dann und wann musste ich ein Telefonat abbrechen, um meinen Tamagotchi zu wickeln. Doch eines Nachts geschah das Unglaubliche: Meinem Tamagotchi wuchsen zwei Arme und zwei Beine. Ich war einigermaßen verblüfft, konnte mir den Gag allerdings bald technisch erklären. Nach einer gewissen Zeit werden – ähnlich wie beim Airbag – mit Hilfe eines Gases die Extremitäten aufgeblasen.

Zum Lachen war mir jedoch nur kurz zumute. Von nun an konnte mein Tamagotchi frei in der Wohnung umher laufen, Schränke ausräumen, Vasen zerscheppern, Wände bemalen – er war wie ein normales Kind. Mit drei Jahren (also nach drei Menschentagen) begann er zu reden. Nicht gut verständlich, aber dennoch.»Essen – pieps«,»Spielen – pieps«,»Papa – pieps« – später nur noch»Papa«.

Ich genoss, nicht mehr allein in meinem Zimmer sein zu müssen, erzählte meinen Freunden amüsiert von den Ereignissen, doch mein Tamagotchi – ich nannte ihn nun Kurt – wurde älter. Mit sechs Jahren wollte er plötzlich in die Schule. Ich wusste nicht, wie ich das bewerkstelligen sollte, bis ich auf die Idee kam, ihn an meinen Rechner anzuschließen. Ich lud mein Rechtschreibprogramm und ließ Kurt einen halben Tag vor dem Computer sitzen. Er lernte fleißig.

Morgens Schule, mittags spielen. Diesen Turnus hielten wir durch, bis Kurt 15 war. Dann ging es ihm plötzlich immer schlechter. Er nahm innerhalb von einer Stunde 5 Kilogramm ab und seine Gute-Laune-Punkte sanken in den roten Bereich. Ich versuchte alles (essen, spielen, mehr essen, mehr spielen), um ihn aufzupeppeln, bis ich endlich kapierte: Kurt war einsam.

Zufällig entdeckte ich in der Tageszeitung eine Kontaktanzeige: »Tamagotcha sucht Tamagotchi zum gemeinsamen Zeitvertreib«.

Ich rief an und vereinbarte ein Treffen für Kurts siebzehntes Lebensjahr. Leider war der Vater der Tamagotcha ein abscheulicher Typ. Am liebsten hätte ich Kurt den Umgang mit seiner Tochter verboten, doch für Kurts Wohl war ich zu allem bereit. Wir verkabelten Kurt und die Tamagotcha, und siehe da: Beiden ging es schlagartig besser. Das Dumme war nur: Sobald ich Kurt abkoppelte und mit nach Hause nahm, sank seine Laune.

In der Nacht wurde ich brutal aus meinen Träumen gerissen – das Geräusch eines frisierten Mofas röhrte unter meinem Kopfkissen, wo Kurt schlief, oder besser: schlafen sollte. Ich nahm ihn hervor, und er erzählte mir lallend, dass er mit Kumpels einen saufen war. Um ihn nicht auf die schiefe Bahn geraten zu lassen, bin ich mitten in der Nacht zu dem abscheulichen Typen am anderen Ende der Stadt gefahren, weil eine Freundin jedem gut tut, also auch Kurt.

Und schon am nächsten Tag, Kurt war jetzt neunzehn, leuchtete auf dem Display der Tamagotcha ein Gutschein für ein Baby-Tamagotchi auf. Ich war Großvater!

Leider konnten der abscheuliche Typ und ich uns nicht auf das Sorgerecht einigen (Nun, wir einigten uns schon, nur eben falsch). Das Baby blieb bei der Tamagotcha, und ich brachte Kurt jeden Tag zu Frau und Kind ans andere Ende der Stadt.

Seid gestern hat die anstrengende Fahrerei ein Ende. Kurt ist ausgezogen. Die Entscheidung fiel mir unendlich schwer, aber ich glaube, dass es das Beste ist für Kurt. Ich hoffe nur, er wird glücklich. Die Aussteuer, die er mitbekommen hat, war zum Glück nicht übermäßig umfangreich: eine Ersatzbatterie.

Die Launische und der Softie

Vom Tamagotchi angeregt, machte ich bald meine eigenen Erfahrungen mit der Gefühlswelt der Liebe, insbesondere mit dem anderen Geschlecht und dabei in allererster Linie mit Frauen. Darunter war auch meine erste Freundin. Eine ganz Liebe. Aber auch eine Launische. Eben meine launische Liebste.

Aber wir liebten uns beide sehr. Auch wenn es nicht auffiel.

Meine launische Liebste hatte mir zum Geburtstag zwei handgeblasene Sektgläser geschenkt, und zwei treusorgende Freundinnen einen Champagner für uns beide dazu. Am folgenden Tag wollten wir die Gläser einweihen und luden die zwei Freundinnen Lisa und Gabi dazu ein, da wir uns als alkoholtechnische Unschuldsengel außer Stande sahen, die Flasche allein zu leeren. Ich freute mich auf einen sentimentalen Abend mit Kerzenlicht und viel Zuneigung.

Lisa ist noch nicht erschienen, die anderen drei sitzen am Tisch und verzehren Kuchenreste. Meine launische Liebste sagt:»Iss nicht mit der Tortenschaufel!«,»Stopf nicht so!«,»Friss nicht alles weg!« oder»Verklecker dich nicht!«Zur Unterstützung ihrer Sätze haut sie mir regelmäßig auf die Schenkel. Ich weiß, dass sie eigentlich sagen will:»Ich freue mich, bei dir zu sein. Der Kuchen ist gut. Es ist lustig, wenn du mit der Tortenschaufel isst«, und will sie liebevoll verzeihend – und wie es sich für einen Softie gehört, der sich grundsätzlich nicht wehrt – in den Arm nehmen. Sie schält sich beleidigt unter meiner Umarmung hervor, verspricht aber, wieder lieb zu sein, sobald Lisa kommt.

Lisa kommt, und meine launische Liebste ist nicht lieb. Wir sitzen auf dem Sofa und bereiten uns auf den aufregenden, bedeutenden Augenblick vor, an dem der edelste aller Sekte aus den wundervollsten aller Gläser über unsere verliebten Lippen fließen wird. Um das zum Ausdruck zu bringen, sitzt meine launische Liebste am äußersten Ende des Sofas und starrt provokant deutlich die Wand an. Als ausgebildeter Softie spiele ich dieses Spiel mit, sitze am anderen Ende des Sofas und sehe mich im Zimmer um. Die Szene wirkt so schön, dass Lisa nur die Assoziation»Wie bei Loriot« einfällt. Um den Liebesentzug zu kompensieren, fange ich eine Affäre mit dem Teddybären an. Meine launische Liebste setzt sich aufs andere Sofa.

Ich als Softie denke nach diesen nervzehrenden Augenblicken, dass es jetzt endlich wieder Zeit zum Versöhnen wäre und setze mich zu ihr. Sie denkt dasselbe und sagt:»Musst du mir den ganzen Platz wegnehmen?«

Ich öffne den Champagner, setze ein fröhlich verliebtes Lächeln auf und würde am liebsten heulen. Meine launische Liebste hat volles Verständnis für meine Empfindungen und beginnt, zur Wiedergutmachung mit ihren Freundinnen über Raumschiff Enterprise zu hysterieren, der billigsten Fernsehserie seit Entdeckung der Studioaufnahme.

Fast hätte ich das Zimmer verlassen, doch schließlich werde ich doch noch ins Gespräch eingebunden:»Geh' zum Friseur!« rät mir meine launische Liebste.

Ja, ich werde zum Friseur gehen. Ich werde auch nicht mehr mit der Tortenschaufel essen und das Fernsehen wieder beginnen. Ich bin ein Softie. Meine launische Liebste wäre allerdings nicht meine launische Liebste, wenn sie sich nicht ihrer Launigkeit bewusst wäre.

»Kann man daran sterben, wenn man eine launische Freundin hat?« fragt sie unschuldig. Ich nicke bestimmt und entnervt. Meine launische Liebste nimmt das zur Kenntnis und macht weiter wie zuvor.

Bevor ich vollends mit den Nerven und überhaupt mit allem am Ende bin, ist der gemütliche Abend glücklicherweise zu Ende. Meine launische Liebste verabschiedet sich mit einem leidenschaftlichen, langen und liebevollen Kuss.

Selig legte ich mich ins Bett und war mit der Welt wieder im reinen. Ach, ich liebte meine launische Liebste. Wir beide liebten uns sehr. Auch wenn es nicht auffiel.

Blaubeuren I

Blaubeuren, so sei an dieser Stelle erwähnt, ist der Ort, in dem ich einst meine ersten Pfützen-Fall-Versuche gemacht hatte, und dem ich bis zum Ende meiner Schullaufbahn treu geblieben war. Nun, Treue setzt im Grunde immer eine Wahl voraus. Ich hatte keine.

Blaubeuren, für alle, die nicht von da her kommen, ist eine kleine, unbekannte, überschaubare Weltstadt am Fuße der Schwäbischen Alb, bedrohlich nahe an Bayern, und tief vergraben unter einer undurchdringbaren Glocke aus Nebel. Zumindest im Sommer. Im Herbst ist es Nebel und Smog.

Aber ich war immer gerne ein Blaubeurer. Denn, nur so als Beispiel, hätte ich in umittelbarer Nachbarschaft eines Elektronik-Großhandels meine Kindheit verbracht, ich hätte die folgende Geschichte nie erlebt.

Der Kontakt-Spray

Im Zeitalter des Versandhandels ist man nicht mehr darauf angewiesen, dass der Fachhändler in der provinziellen Weltstadt alles vorrätig hat, was das Herz begehrt. Nein, im Zeitalter des Versandhandels bekommt man über den Fachhändler einfach alles. Die Frage ist nur, wann.

Ich wollte einen Kontakt-Spray haben – das ist ein Spray zum Reinigen von elektronischen Kontakten, der aus lahmgewordenen Computer-Joysticks wieder wieselflinke Apparate zum Frönen der Sucht macht.

An einem Samstag ging ich in das Elektronik-Waren-Geschäft und fragte nach einem solchen Spray. Die Bedienung verschwand in der Werkstatt und kam wieder mit einer riesigen Blechdose. »Wir haben nur diese Flasche. Und die brauchen wir selber. Schauen Sie doch am Dienstag nochmal vorbei.«

Ich schaute am nächsten Samstag wieder vorbei, da man grundsätzlich ein paar Tage Knautschzone einrechnen muss, und fragte nach dem Spray. Die Bedienung schleppte sich in die Werkstatt und kam mit leeren Händen wieder. »Wir haben keinen solchen Spray da. Aber der Chef kommt gleich. Der kennt sich da besser aus.«

Der Chef kam und kannte sich so gut aus, dass er mir vierundsechzig verschiedene Sorten des Wundermittels aufzählte und mich dann fragte, welches ich wollte. Ich wollte für keine Seite Partei ergreifen und wählte vertrauensvoll die hoffentlich goldene Mitte, Nummer 32. Der Chef notierte sich das und sagte: »Wir bestellen ihn. Er kostet 14,95 DM. Sie können ihn am Dienstag abholen.«

Am nächsten Samstag ging ich wieder hin. »Er ist noch nicht gekommen. Versuchen sie es am Dienstag wieder.«

Mit einer kaputten Glühbirne betrat ich das Geschäft am Samstag, ließ mir eine neue Glühbirne für 2,90 DM geben und erkundigte mich beiläufig nach dem Spray.

»Sie haben ihn wieder nicht geschickt. Normalerweise sind größere Flaschen gebräuchlich. Aber er kommt bestimmt. Am Dienstag müsste er da sein.«

Meine Mutter mutmaßte, der Chef des Geschäfts traue sich einfach nicht zu sagen, dass es ihm zu blöd sei, diesen dämlichen Reiniger zu bestellen. Ich aber dachte, den Laden überzeugen zu können, und nahm am nächsten Samstag eine Joe Cocker-CD für 32,50 DM mit. Der Spray war noch nicht gekommen. Am Samstag darauf verspürte ich Lust, mir eine Kaffee-Maschine anzuschaffen: 99,50 DM. Um nicht den Eindruck zu erwecken, ich wolle die Betreiber des Geschäfts mit diesem Kontaktmittel nur belästigen, kaufte ich am nächsten Samstag einen CD-Spieler für das Badezimmer – für günstige 299 Mark.

»Der Spray kann mit jeder Lieferung kommen«, versicherte man mir. Muss aber nicht.

In meiner Bleibe fühle ich mich inzwischen richtig wohl. Ich habe zwei Fernseher, einen kleinen (1222 DM plus ein Eis zu 3 DM auf dem Rückweg) und einen mit Breitbildschirm für Spielfilme (2999 DM). Der Rasierapparat funktioniert ausgezeichnet (139,90 DM), und auch mit der Mikrowelle (800 DM), dem Staubsauger (999 DM), der Hifi-Dolby-Stereo-Anlage mit Aufnahme-Funktion (2499 DM), dem Computer-Set (4335 DM) und dem Dreifach-Stecker (3,99 DM) bin ich sehr zufrieden.

Nach vierzehn Samstagen und 13 432,79 DM hatte ich das Geschäft schließlich davon überzeugt, dass ich ein treuer Kunde bin, dem man auch einmal einen kleinen Gefallen tun kann, indem man ihm eine winzige Dose mit Kontakt-Spray zum Reparieren von Joysticks besorgt.

An dem Tag, an dem der Wunder wirkende Spray geliefert worden war, nahm ich mir als letztes Dankeschön und zur Sicherheit, falls es mit dem Joystick-Heilen doch nicht klappen sollte, einen neuen Joystick mit. Er kostete 3,90 DM.

Blaubeuren II

Für die nächste Geschichte muss ich einige geografische Grunddaten vorausschicken, sonst ergibt sie in den Augen der mitdenkenden Leser vielleicht wenig Sinn. Also in Blaubeuren gibt es Nebel, das wissen wir bereits. Aus dem Nebel ragt ab und zu eine Turmspitze heraus, das ist dann die Spitze des Klosterturms. Im Kloster selbst befindet sich ein Internat, einige Meter weiter mein Elternhaus, dann kommt eine Wiese, eine Mauer, mein Kindergarten, eine Wiese, die sich Stadtpark nennt, ein Hallenbad, eine Sporthalle, die nach einem alten Olympiasieger benannt wurde, der mittlerweile Blaubeuren den Rücken gekehrt hat, weshalb sein Name wenig zur Sache tut, im Übrigen ist der Ort hier auch schon wieder zu Ende. Ich weiß, wie schwer es ist, sich abstrakte Sachverhalte gleich beim ersten Mal zu merken, daher noch einmal das Wichtigste in Kürze: Hallenbad – Kindergarten – Haus – Kloster.

Fernwärme

Fernwärme ist ein System, das einen Verbund von Gebäuden zentral mit Wärme versorgt, und ist damit technologisch innovativ, ökologisch sinnvoll und vor allem menschlich kommunikativ.

Bei uns haben sie so eine Leitung gebaut und dazu in einer Nacht- und Nebel-Aktion (bei uns kein Kunststück – da ist es immer Nacht und neblig) eine Leitung vom Hallenbad quer durch den Stadtpark bis zum Klostergebäude gezogen. Jetzt kriegen da alle das gleiche Warm, und die Öllagerstätten werden zu Weinkellern umgenutzt.

Der Clou: Alle Temperaturwünsche werden nun zentral über den Rechner der Stadtwerke Ulm gesteuert. Wer eine Änderung der Temperatur wünscht, muss mit dem Telefon in Ulm anrufen, und Bruno drückt dann das Knöpfchen auf dem PC. Manchmal auch das richtige.

In meinem Zimmer war es Anfang November etwas wärmer, als ich das gewohnt bin. Im Warmen kann man so schlecht denken. Also testete ich kurzerhand den Service und rief in Ulm an.

»Stadtwerke Ulm. Bruno Brunevski.«

»Hier Reuß. Können Sie die Temperatur in meinem Zimmer senken?«

»Moment bitte.«

»Und?«

»Computer meinen, Temperatur stimmt. Wegen dicken Mauern von Kloster Heizung muss machen mehr warm.«

»Aber ich wohne doch gar nicht im Kloster!«

»Warten Sie. Andere Leitung –«

Pause.

»Sind Sie noch dran? War Schüler. Hat gemeint, Kollege hat Zimmer verlassen, ich soll machen mehr warm.«

»Ja, nochmal zu meinem Zimmer.«

»Moment bitte. Anderes Telefon –«

Pause.

»War Kindergarten. Solle machen weniger warm. Aber kann nix machen. Computer sagen so.«

»Denselben Wunsch habe ich auch. Das ist ja wie in der Sauna. Sie müssen das doch regeln können!«

»Ich erklären – aber erst gleich. Bitte Verständnis, anderes Telefon.«

Pause.

»War Zimmerkollege von vorher. Solle wieder machen mehr kalt. Ist zurückgekommen in Zimmer.«

»Um auf mein Zimmer zurückzukommen –«

»Können machen nix. Computer rechnen aus, und wenn Computer gefüttert mit falschen Daten, Bruno können nix machen.«

»Aber bei den anderen können Sie doch auch die Temperatur verstellen!«

»Bei anderen Dicke von Mauern isse richtig eingegeben.«

»Und kann man das bei mir ändern? Oder muss ich mein Leben lang schmoren?«

»Können schon. Aber müssen kommen Chefe. Isse gerade in Urlaub. Mallorca. Kommen wieder in drei Wochen. Aber Moment, andere Apparat.«

Pause. Ich versuche mich daran zu erinnern, ob ich den Neckermann-Sommerkatalog schon ins Altpapier getan hatte oder nicht.

»War Chefe von Kloster. Haben gesagt, Wohnung zu warm. Aber könne nix machen. Problem isse, dass Computer brauche Erfahrungswerte, und die er haben nicht in Anfangsphase.«

»Kann man die Heizung nicht ganz abschalten?«

»Leider isse unmöglich. Könne vielleicht Rohr abschrauben und Wasser lasse in Keller. Mache kleine Schwimmingpuhl, ha ha.«

»Spaß beiseite.«

»Warten bitte. Andere Leitung.«

Pause.

»Wieder Schüler. Rufe heute schon zum achten Mal an. Immer dasselbe Problem. Kollege isse wieder raus aus Zimmer. Müsse wieder machen weniger warm.«

»Können Sie nicht noch ein Mal versuchen, ob Sie den Computer nicht zur Einsicht bewegen können?«

»Kann nix machen. Will erklären: Kloster zu kalt wegen dicke Mauern. Müsse mehr machen warm, also überall isse mehr warm. Verstanden?«

»Ja, ja. Schon lange. Es geht nur darum: So hält man das nicht aus!«

»Wolle erklären: Computer isse schlecht programmiert. Aber kann machen nix. Nur Chefe. Und Chefe isse aufe Mallorca.«

»Schön. Klasse. Müssen wir eben selber schauen, wie wir das in den Griff kriegen.«

»Warten bitte noch eine Augenblick. Andere Telefon.«

Pause. Durchs Fenster sehe ich, wie der Kindergarten in Mänteln und dicken Jacken ins Freie umgezogen ist. Aus dem Innenraum ziehen Dampfschwaden.

»War wieder Chefe von Kloster. Habe geschimpft und gesagt, viel Geld und viel Rüffel, und jetzt viel zu viel warm. Aber könne nix machen. Ich erkläre –«

Ich legte auf und ging nach draußen, um nachzudenken. Das taten offensichtlich auch einige andere. Zusammen kamen wir auf kreative Ideen. Wir kauften Zimmerpalmen, viel Alkohol, Badehosen, Kinderplanschbecken und Liegestühle und verbrachten drei riesige Wochen im an sich kalten und trüben November. Der Blaubeurer Nebel erreichte durch die Anreicherung mit Dampf eine nie dagewesene, historische Dichte, so dass dem Weltstädtchen schon der Titel ›Klein-London‹ oder gleich ›Londonle‹ gegeben werden sollte.

Nach drei Wochen sank die Temperatur auf einen Schlag drastisch ab. Verdutzt schaute ich aus dem Fenster und sah, dass auch im Kindergarten und bei meinen Nachbarn kein Dampf mehr aus den offenen Fenstern drang. Fröstelnd kletterte ich aus dem Liegestuhl und wählte die Nummer der Stadtwerke.

»Stadtwerke Ulm. Bruno Brunevski.«

»Hier Albrecht Reuß. Können Sie bitte die Temperatur in meinem Zimmer erhöhen?«

»Kann nix machen, leider. Chefe isse zurück von Mallorca und sagen, isse viel zu heiß. Habe Computer umgestellt. Kann nix machen. Aber wenn wollen, könne erklären, warum in Kloster müsse sein viel warm.«

Blaubeuren III

In Weltstädtchen wie Blaubeuren, wo das pralle Leben für junge Menschen einige Zugminuten entfernt liegt und nach halb neun abends nicht mehr zurückfährt, spielen Vereine und andere Organisationen eine wichtige Rolle. Man lernt dort Gleichgesinnte kennen, kann seine Ideen einbringen, andere Vereine bekriegen, kurz: was fürs Leben lernen. Und wer genug gelernt hat, gründet seinen eigenen Verein.

Zu den anderen Organisationen gehören das Evangelische Jugendwerk oder auch die Freiwillige Feuerwehr. Beide haben etwas gemeinsam: Sie wollen Menschen retten. Wenn es aber mal um einfachere Dinge geht, treten mangels Erfahrung Probleme auf.

Die Ölspur

Ehrenämter, wie gesagt, bringen in Blaubeuren wirklich noch Ehre, und erst recht bei der Freiwilligen Feuerwehr. Das ist der Verein, zu dem die Helden unter den Männern gehen. Nur bleibt der Traum vom großen Feuer meist ein Traum. Das Evangelische Jugendwerk ist kein Sammelbecken für Helden. Aber einer hat sich dann doch gefunden, der bereit war, ohne Vergütung die Hauptrolle in meinen Geschichten zu spielen, wenn es um dieses Jugendwerk geht. Erbse heißt dieser, weil alle aus der Jugendarbeit vielsagende Spitznamen mit sich herum tragen, und in seiner Funktion als Hauptrolle ist er auch fürs Freizeitheim Himmelreich zuständig, einem außerhalb der Stadt gelegenen Haus. Eine dort ansässige Gruppe brachte das in dieser Form einmalige Kunststück fertig, die Ölwanne eines Fahrzeugs aufzureißen, mit dem Riss in der Wanne einen Kreis um eine unbeteiligte Feuerstelle zu ziehen, und weil es so viel Spaß machte, gleich noch von dort zum Hauseingang hinüber. Zurück auf der Heide blieb eine Ölspur.

Also wurde Erbse vom Essen weggeholt – ein Notfall. Als Erbse im Freizeitheim eintraf, hatte die Freizeitgruppe bereits Ölbinder auf die Spur gestreut. Weiter wusste sie allerdings nicht. Erbse auch nicht. Also wollte er bei der Feuerwehr nachfragen und wählte, weil ihm nichts Besseres einfiel, die berühmte 112.

»Polizeidirektion Ehingen«, meldete sich eine Stimme.

»Wie bitte?«

»Polizeidirektion Ehingen. Warum?«

»Ich wollte die Feuerwehr und habe 112 gewählt. War das falsch?«

»Nein, nein. Aber alle Anrufe landen bei uns. Ist effektiver. Was ist denn passiert?«

Also schilderte Erbse das kleine Malheur.

»Keine Panik«, tröstete der verhaltenstreue Beamte den seelenruhig telefonierenden Erbse. »Wir schicken jemanden vorbei. Verlassen Sie auf keinen Fall den Tatort!«

Erbse verließ auf keinen Fall den Tatort und wartete. Bald musste ja ein Auto kommen mit einem Experten, der sagte, wie mit der Spur umzugehen war.

Bald kam überhaupt niemand.

Und nach 35 Minuten kam kein Auto, nein, ein Mannschaftswagen und ein Löschzug jagten mit Blaulicht die Steige hoch und am Freizeitheim vorbei. Sieben Minuten später jagten der Mannschaftswagen und der Löschzug mit Blaulicht ein zweites Mal heran und diesmal den schmalen Weg zum Freizeitheim hinauf. In den Gesichtern der elf Mann starken Crew lechzte die Gier nach Feuer und Abenteuer.

Erbse empfing sie gelassen lächelnd. Einer kurbelte hektisch das Fenster hinunter und schrie nur:»Wo?«

»Ja, hier«, antwortete Erbse und wies auf den Boden.

»Wo?« wiederholte der Feuerwehrmann.

»Hier, gleich vor Ihnen auf dem Boden«, wiederholte Erbse.

Daraufhin riss der Feuerwehrmann die Türe seines Wagens auf, sprang heraus und schrie Erbse ins Gesicht:»Gehen Sie zurück, meine Damen und Herren, gehen Sie zurück! Es gibt überhaupt nichts zu sehen!«

Dann bückte er sich zu der Ölspur, tippte mit dem Finger hinein, schnupperte mit der Nase am Finger und diagnostizierte triumphierend:»Öl!«

Dann zog er seine Kameraden zur Beratung heran.

»Was machen wir jetzt?«

»Ha, wir tun Ölbinder drüber!«

»Gut! Aber beeilt euch! Ihr wisst: Jede Sekunde zählt!«

Dann fuhr er wieder Erbse an:»Haben Sie die Ölspur in irgendeiner Weise berührt oder behindert?«

»Ich glaube, die Gruppe hat schon einen Binder drauf getan.«

»Was?« kreischte der vermeintlich beudeutungslos gewordene Feuerwehrmann fassungslos. »Welchen denn?«

»Ich glaube, den körnigen.«

»Gut. Dann nehmen wir den pulvrigen.«

Und dann begannen zehn Feuerwehrmänner unter dem Kommando des Kommandanten, pulvrigen Ölbinder über die Ölspur zu streuen und anschließend die Heide abzukehren. Denn in den Kursen hatten sie gelernt, dass nach dem Einsatz des Ölbinders die Straße abgekehrt werden muss. Nach verrichteter Arbeit setzten sich die enttäuschten Feuerwehrmänner, denen kein Feuer vergönnt war, wieder in den Wagen und brausten mit voller Einsatzgeschwindigkeit ins Wirtshaus.

Ob da ein Zusammenhang besteht, weiß ich nicht. Aber noch am selben Tag kaufte sich Erbse fünf Feuerlöscher für sein Zuhause.

Der Lottogewinn

Wer reich werden will, muss sein Glück selbst in die Hand nehmen. Etwa beim Lottospiel. Manche nehmen ihr Glück nicht selbst in die Hand und werden trotzdem reich. Wahrscheinlicher allerdings ist: Man nimmt sein Glück selbst in die Hand und wird trotzdem arm.

Angefangen hat es damit, dass Erbse für sein Jugendwerk für irgendeine kuriose Aktion, deren Sinn und Zweck nichts weiter zur Sache tut, Streichholzschachtel-Umhüllungs-Banderolen in nicht zu geringer Zahl benötigte.

Weltstädtische Geschäfte, wie wir bereits wissen, haben den Vorteil, dass man alles bekommen kann, wenn man nur charmant und lange genug fragt. Erbse versuchte zuerst im Raucher-Lädle sein Glück und hatte (anders als bei anderen Satiren) sofort Erfolg. Die nette Dame hinter dem Ladentisch deckte den glücklichen Jugendreferenten mit mehr als genug Streichholzschachtel-Umhüllungs-Banderolen ein.

So weit keine besondere Geschichte. Die wird es erst dadurch, dass das Raucher-Lädle zugleich Lotto-Annahmestelle war. Erbse, der noch nie zuvor einen Tippschein in der Hand gehalten hatte, dachte sich: »Jetzt tu' ich der lieben Frau noch einen kleinen Gefallen«, und beschloss, die erste Runde Lotto seines Lebens zu spielen. Er kramte in seinem Kopf zusammen, was er aus dem Fernsehen über das Glücksspiel wusste, und begann, auf dem Schein sechs Kreuze und einen Kringel anzubringen, während sich hinter ihm allmählich eine Schlange bildete.

»Was soll denn der Kringel um die eine Zahl?« fragte die zuvor nette Dame hinter dem Ladentisch verdutzt.

»Ha«, antwortete Erbse souverän, »sechs Kreuzchen und eine Zusatzzahl!«

Erbse wurde über die gängigen Regeln aufgeklärt und durfte sein Glück mit einem neuen Schein versuchen. Diesmal gab er sich noch mehr Mühe und brachte in jedem Feld nur sechs Kreuzchen an.

Die ehemals nette Frau hinter dem Ladentisch gab die Zahlen in den

Computer ein und sagte flötend:»Macht dann 78 Mark 50, bitte!«

»Wie bitte? Für sechs Felder?«

»Ja, Sie haben einen Dauerschein benutzt.«

»Verzeihen Sie, das war ein Versehen. Machen Sie das bitte wieder rückgängig.«

»Das ist leider unmöglich. Ich habe die Zahlen bereits in das Computer-Netz eingegeben.«

Erbse schluckte, zahlte und dachte, was soll's, fest entschlossen, nun eben eine Lotto-Karriere zu starten.

Von da an versammelte sich jeden Mittwoch und jeden Samstag die gesamte Familie vor dem Fernseher, um entschlossen dem großen Glück entgegen zu blicken.

Einen Monat lang hatte der Schein Gültigkeit. Und dieser Monat begann vielversprechend (1 Richtige), flaute aber allmählich ab (0 Richtige, 0 Richtige, einmal nur eins daneben), um nach einem kurzen Zwischenhoch (2 Richtige) vollends in Bedeutungslosigkeit zu verharren (0 Richtige, 0 Richtige).

Am letzten Mittwoch des Monats war die Familie leider verhindert, und schon geschah das Unfassbare. Die 14 stimmte, die 21 stimmte, und die 33 stimmte! Drei Richtige! Gewonnen!

Leider hatte die Frau hinter dem Ladentisch, die manchmal ganz nett sein soll, Erbse nicht darüber aufgeklärt, dass Gewinne bis 100,- DM selbst abzuholen sind. Nach etlichen Wochen wurde ihm sein Gewinn zugeschickt mit folgendem Begleitbrief:

»Sehr geehrte(r) Herr Schradi,

es freut mich, Ihnen mitteilen zu dürfen, dass sie von der staatlichen Lotto-Gesellschaft für drei Richtige in der Ausspielung vom 5. Mai 1996

einen Gewinn von	DM 4,76
abzüglich Bearbeitungsgebühr	DM 2,00
abzüglich Porto	DM 1,00
verbleibender Nettogewinn	DM 1,76

erhalten. Herzlichen Glückwunsch! Der Betrag ist Ihnen in Form eines Verrechnungsschecks beigelegt.

Ihre Staatliche Toto-Lotto GmbH«

Erbse machte drei Luftsprünge, rannte mit dem Scheck auf die Bank, zahlte zwei Mark Gebühren und freute sich ein Leben lang daran, sich für die läppische einmalige Zahlung von 78,74 DM zum erlauchten Kreis der Lotto-Gewinner zählen zu dürfen.

(Um bei der Wahrheit zu bleiben: Erbse war es zu peinlich, den Scheck überhaupt auf der Bank einzulösen, und er machte auch keinen einzigen Luftsprung.)

Nikolauspack

Dass es keine Nikoläuse gibt, weiß heutzutage jedes Kind. Da trotzdem jemand die Erziehung der Kinder retten muss, gibt es zum Glück nachgemachte vom Evangelischen Jugendwerk.

Bauer Peter berichtet:

Meine zwei Buben sind grausame Bälger. Obwohl ich ihnen jahraus jahrein mit Liebe begegne, jammern sie jedes, aber auch wirklich jedes Mal, wenn ich sie auch nur bitte, mir ein Bier aus dem Keller zu holen und meine Pantoffeln, oder den Fernseher anzumachen und die Heizung höher zu drehen. Marc ist jetzt übrigens sechs, Ralph wird bald vier.

Um ihnen ihre faulen Flausen auszutreiben, habe ich also einen Nikolaus engagiert, gegen eine kleine Spende, deren Betrag ich noch runter handeln werde. Abends, so gegen halb sechs, sitzen wir zufällig – das habe ich arrangiert – alle vor dem Fernseher. Die Videokamera liegt bereits auf der Kommode. Gegen sechs höre ich ein Auto in den Hof knattern, wohl eine ›Ente‹.

Mit der Ausrede, ich müsse nach der Katze sehen, gehe ich den engagierten Nikoläusen entgegen und drücke ihnen einen Stapel Zettel in die Hand, worin die Untugenden meiner Jungs festgehalten sind. Doch was muss ich feststellen! Der Knecht Ruprecht hat gar keine Rute dabei! Wie stellen sich diese Pseudo-Nikoläuse das eigentlich vor? Einem freundlich lächelnden Nikoläuschen werden meine Kinder doch nie im Leben abnehmen, dass sie ein Luderpack sind!

Kurz entschlossen drücke ich dem Ruprecht den Baseballschläger in die Hand, der bei uns immer neben der Tür lehnt. Damit er sich nicht wehren kann, rufe ich zugleich:»Oh! Der Nikolaus ist da! Und der Knecht Ruprecht! Kommt nur herein! Deine Rute ist aber hart, Knecht! Waren meine beiden Buben so böse?«

Als wir das Wohnzimmer betreten, versteckt sich Ralph unterm Sofa.

Weichei! Sowas will der Sohn seines Vaters sein! Ich spotte:»Ralphi! Angsthäschen! Was wirst du dich denn vor dem lieben Onkel Nikolaus fürchten? Komm, sei lieb und setzt dich hin! Sonst nimmt dich der Ruprecht mit in seinem Sack!«

Ralph klettert aufs Sofa und zittert.

»So, Nikolaus«, vermittle ich,»was steht denn drin in deinem goldenen Buch?«

Gespannt erwarte ich eine saftige Standpauke gegenüber meinen Kleinen, die sie ein für alle Mal kurieren wird von ihrer Aufmüpfigkeit.

Doch was macht der Nikolaus? Geht doch tatsächlich hin zu meinem Ralphi, lächelt ihn an, fragt ihn, wie er heißt, wie alt er ist, was für Hobbies er hat, lobt ihn für seine Spielsachen und seinen Mut.

Ich muss eingreifen.

»Aber in deinem Buch stehen doch auch böse Sachen drin, Nikolaus! Siehst du dem Knecht seine Rute, Ralph?«

Ralph beginnt zu weinen.

Der Ruprecht stellt den Schläger weg, gibt meinem Sohn eine Orange und versucht, ihn zu trösten.

»Werden Sie wohl die Finger von meinem Sohn nehmen! Soll er halt flennen, der ungezogene Lümmel!«Jetzt fällt mir auch noch meine Frau in den Rücken.

»Aber Horst –«, sagt sie. Auf die Frauen kann man sich wirklich nie verlassen, wenn es darauf ankommt. Ich muss sehen, wie ich die Situation in den Griff bekomme. Ohne unnötig zu zögern, entreiße ich dem Rotmantel sein Buch und beginne selbst zu tadeln.

»Marc!« rufe ich, während auch er immer kleiner wird,»hier steht, du sollst gefälligst gehorchen, wenn dir deine Eltern – wenn dir dein Papa etwas sagt! Und du Ralph...«

Er heult auf. Nikolaus und Knecht überschreiten den Grad der Tolerierbarkeit.

»Ihr seid schon ganz brave Jungs«, sagen sie.»Euer Vater muss gar nicht böse mit euch sein. Ihr habt nichts Schlimmes gemacht.«

Ich halte die beiden an, auf der Stelle mein Haus zu verlassen. Sie sagen noch was von»unpädagogisch« und»euer Vater ist ein wenig durcheinander« und»hat ihre Frau denn keine Meinung«, bis ich schließlich drohe, mit dem Baseballschläger nachzuhelfen. Sollen doch Kinder beschenken, wo der Pfeffer wächst! Hier meine Erziehung versauen! Idealisten! Nikolauspack!

Angesichts dieser leider doch ein wenig misslungenen Vorstellung der amateurhaften Nikolaus-Heuchler und meiner nötigen, wenn auch vielleicht ein klein wenig barschen Reaktion könnten meine Jungs ja beinahe den Eindruck gewinnen, ich sei ein Rabenvater. Um ihnen zu beweisen, dass dem nicht so ist, gibt es, nachdem sich alle einigermaßen erholt haben, noch ein kleines Nikolauspräsent. Mein Großer kriegt eine Modellbahnanlage, mein Kleiner einen Ein-Meter-Plüschteddy.

Nur habe ich leider bei dem ganzen Trubel vergessen, die Videokamera einzuschalten.

Schwaben I

Schwaben sind nicht geizig – allenfalls sparsam. So sparsam, dass sie neue Straßen zunächst lieber etwas schmaler bauen, um später festzustellen, dass keine zwei Autos aneinander vorbei passen. Aber man musste es ja erst Mal ausprobieren! Schließlich sind Schwaben auch Tüftler. Zähneknirschend wird die Straße dann nachträglich erweitert, was in der Regel den angenommenen finanziellen Rahmen sprengt. Die Kommune zahlt drauf. Aber sie war sparsam.

Eine Sache verwundert Außenstehende in diesem Zusammenhang, nämlich dass in Sparsam-Schwaben die Daimler-Quote ungewöhnlich hoch ist. Sie schwangt zwischen 1,0 und etwas drüber. Hier greift allerdings nicht das Prinzip der Sparsamkeit, sondern das des verwandtschaftlichen Zusammenhalts. Und da jeder irgendeinen Vetter hat, der bei Daimler in der Kantine arbeitet... – ja,ja, das Prinzip des verwandtschaftlichen Zusammenhalts.

Die Erbschaft

Ob Bauern von der Alb bescheiden sind, weltfremd oder einfach clever – wer will diese Frage trefflich beantworten? Eines sind sie auf jeden Fall nicht: in Verlegenheit zu bringen.

Bauer Mattheis war gestorben und hinterließ seiner Erbengemeinschaft, deren Wortführer Jungbauer Peter und Jungbauer Hans waren, einige Äcker und ein altes Haus in der Ortsmitte der Konkurrenz-Weltstadt zu Blaubeuren, Blaubeuren-Asch.

Beim Notartermin ging es darum, den Umfang des Erbes festzuhalten, und sich darüber zu unterhalten, wie damit umzugehen sei. Zum weiteren Verständnis sollte man wissen: Der Notar verdient anteilig an der verhandelten Summe. Je höher das Erbe, um so höher sein Honorar.

Bei Äckern, da kannten sich Peter und Hans gut aus, und so waren die Grundstückswerte der Flurstücke schnell beziffert. Schließlich wollte man die Grundstücke verkaufen und war schon von daher an einem angemessenen bis guten Preis interessiert.

Anders bei dem alten Haus im Kern des Ortes Blaubeuren-Asch. Das Haus war so alt, dass es niemand mehr kaufen wollte, da das Renovieren nicht mehr lohnte.

»Wie schätzen Sie den Wert des Hauses, meine Herren?« fragte der Notar.

»Des hot koin Wert«, antwortete Peter.

»Es kann nicht sein, dass ein Haus keinen Wert hat. Irgendeinen muss es doch haben.«

»Noi, des hot koin.«

»Nehmen Sie doch das Grundstück. Das liegt mitten im Ortskern, das bringt gut und gerne –«

»Aber do stoht doch des Haus drauf. Solang die Bruchbud do drauf stoht, isch des Grondstück koin Pfennig wert.«

»Aber seien Sie doch ernsthaft.«

»I ben ernschthaft. Koin Pfennig, sag i. Do müsstet Se eigentlich no draufzahla.«

»Sehen Sie: Ich muss etwas in das Dokument aufnehmen. Ich brauche einfach einen Wert für das Haus.«

»Gut, gut, schreibet Se, sag' mr, schreibet Se oifach, genau: eine Mark.«

»Wie bitte?«

»Des Haus mit Grundstück isch eine Mark wert.«

»Ich kann doch nicht... Verstehen Sie doch auch meine Situation.«

»Situatio, Situatio, und wenn des Haus halt et mehr wert isch? Kann i's vielleicht schener zaubra? Oi Mark, und dobei bleib i.«

»Das geht aber nicht. Da Sie eine Erbengemeinschaft aus fünf Personen sind, muss der Wert des Hauses wenigstens durch fünf teilbar sein, falls jemand das Haus kaufen möchte, etwa einer von Ihnen.«

»Oiner von ons?« fiel Hans ins Gespräch mit ein. »Ja, i glaub Peter, du hosch doch Intresse, hoißt's im Dorf. Also, i sag, des Haus isch a Millio wert, mindeschtens.«

»A Millio! I glaub', du spensch! Oi Mark, sag i, ond koin Pfennig mehr!«

»Doch! A Millio! Awa, zwoi Milliona, in der Lage! Ond so alt, des isch doch a wahres Kulturdenkmal! Des wird no berühmt! Beschtimmt zwoi Milliona, wenn net drei!«

»No nemm's doch, du Sempl! Wenn du obedengt drei Milliona zu verschenga hosch! Oi Mark isch des Heisle wert, ond domit baschda!«

»Meine Herren, ich bitte Sie. Wir wollen doch den Anstand wahren. Sie müssen sich schon auf eine Summe einigen. Sonst muss ich es schätzen lassen. Und das wird teuer.«

Das wiederum wollten die Jungbauern freilich unbedingt verhindern.

»Zwoi Milliona!«

»Oi Mark!«

»Oi Millio!«

»Oi Mark!«

»Neunhunderttausend!«

»Oi Mark zwanzig!«

»Bitte, so kommen wir doch nicht weiter...«

»Achthunderttausend!«

»Oi Mark zwoiazwanzig!«

»Ich nehme dann einfach den höheren, angemessenen Wert. Abzüglich Steuern und Honorar blieben also beim Verkauf des Hauses –«

»Was? Honorar?« platzten Hans und Peter heraus.

»Oi Mark! I sag's doch!«

»Ja! Mei Bruder hot recht. Oi Mark, i lenk ei.«

»Oi Mark, Hand drauf.«

»Oi Mark, ganz bestimmt. Totsicher, des hot dr alte Mattheis au immer g'sagt.«

»Also schreibet Se: Oi Mark. Eine Mark. Baschda.«

»Meine Herren...«

»Doch, oi Mark, was stemmt, stemmt.«

»Alte Familientradition.«

»Gell, Hans, oi Mark.«

»Ja, Peter, oi Mark.«

Und jetzt weiß man endlich, warum Notar ein unbeliebter Beruf ist und jeder Bauer auf der Alb sein Häusle hat.

Integration

Schwaben haben leider höchst selten die Möglichkeit, ihre Gastfreundlichkeit unter Beweis zu stellen. Es traut sich ja niemand hin. Wenn sich je doch jemand in Schwaben niederlässt, dann nur aus äußerem Zwang. Der Zwang wollte es so, dass wir mittlerweile auch ein Asylbewerberinnen- und Asylbewerberheim in unserem Weltstädtchen haben. In anderen Orten denken da gleich alle an Drogen, Mord und Prostitution. Bei uns hingegen meinen es die Leute hoffentlich nicht so.

Der Winter fiel dieses Jahr auf den 5. Februar, es schneite satte fünf Zentimeter Matsch auf die Straßen, und Frau Weiß wurde einmal mehr die skrupellose Schmarotzermentalität (so würde sie es natürlich nie sagen) der neuen Gäste im Ort bewusst.

»Also, ich verstehe ja, dass wir diese Asylanten aufnehmen müssen«, verbreitete sie, »aber sie sollen doch wenigstens einen kleinen Funken Dankbarkeit zeigen und sich nützlich machen in der Stadt. Erst gestern, als es schneite, was musste ich sehen: Kein einziger Asylant kam und bot mir seine Hilfe beim Schneeschippen an!«

Nein, so ein Unding! musste ich ihr denkend beipflichten, besuchte auf der Stelle meinen neuen Freund Bora und hielt ihn an, am nächsten Morgen doch zu Weißens zum Schneeschippen zu gehen.

Bora klingelte morgens um Neun, Frau Weiß öffnete und floh beim Anblick des jungen Bosniers sogleich in den Keller, um sich und ihre Einmachgläser zu schützen, und erzählte, nachdem sie sich erholt hatte: »Also, ich hab ja ehrlich nichts gegen diese Leute, aber sie sind einfach so aufdringlich! Klingeln mitten in der Nacht und betteln um Arbeit! Muss denen langweilig sein! Ich verstehe das ja. Aber sie könnten doch wenigstens vorher anrufen!«

Da ich meine Ohren überall im Städtchen verstreut hatte, erfuhr auch Bora bald von den Ansprüchen der Bevölkerung, wollte aber beweisen, dass er willig war zur Integration, wie die Politiker diese Mut- und Nervenproben immer nennen, und griff, kurz und gut, am Abend zum Telefon und bot freundlich seine Hilfe an.

Frau Weiß war angetan, ließ ihn am anderen Morgen um neun Uhr kommen, um den neu gefallenen Matsch zu beseitigen. Zwei Minuten später hatte sie ihn davon gejagt und erklärte auf dem Wochenmarkt: »Ich will ja echt nichts sagen, aber kommt dieser Asylant doch tatsächlich ohne Schneeschaufel an! Wollte meine benutzen! Wo kämen wir denn da hin? Am Ende nimmt er sie noch mit in sein Heim! Man weiß ja nie!«

Also borgte ich Bora meine Schippe, weil er sich ja nach »Asylbewerberleistungsgesetz« (Leistungs-!) nur wichtige Dinge leisten darf. Bora rief am Abend wieder artig an, ging am Morgen vorbei, schippte und sagte mutig zu Frau Weiß: »Wir dürfen zu gemeinnütziger Arbeit herangezogen werden, bekommen aber einen Stundenlohn von drei Mark dafür, was in diesem konkreten Fall für eine Viertelstunde 75 Pfennige wären.«

Da plusterte sich Frau Weiß aber in einer Weise auf, dass es neben Bora auch gleich der restliche Ort mitbekam: »Schmarotzerpack! Abzocker, elendige! Wer hat denn von euch verlangt, mich morgens zu wecken, um hier Schnee zu schippen? Wer hat denn von euch verlangt, hier her zu kommen und auf unsere Kosten zu leben? Hab ich mir doch gleich gedacht, dass in euch nicht ein Funken Anstand steckt!«

Bora schluckte, sagte nichts, sondern übte sich weiter in Integration, rief erneut an, kam morgens wieder, schippte Matsch, bedankte sich dafür, Schnee geschippt haben zu dürfen, erntete so etwas ähnliches wie einen freundlichen Blick dafür, ging zufrieden in sein Heim zurück in der Gewissheit, nun wirklich alles richtig gemacht zu haben, und fühlte sich schon wie ein halber Deutscher.

Frau Weiß aber lief ganz bleich an, weil sie das nicht zu erklären vermochte, stürzte sich jedoch schon bald darauf unters Volk und hatte in dieser Sache das letzte Wort: »Also, also, das ist ganz schrecklich mit diesen Asylanten. Die lassen sich ja so ausnützen! Drängen sich auf und wollen dann nicht mal ein Trinkgeld für ihre Arbeit! Ich verstehe diese Leute nicht. Null Geschäftssinn! Kein Wunder, dass die zu Hause nichts auf die Reihe kriegen.«

Saunageschäfte

Lange nach dem traurigen, zum Scheitern verurteilten Versuch meines Freundes Bora, ein guter Deutscher zu werden, wollte ich mich selbst ein-

28

mal an dieser schweren Probe versuchen. Ich malte mir zunächst aus, wie das funktionieren würde. Danach ließ ich es sein. Sonst hätte ich folgende Geschichte schreiben müssen.

Als gebürtiger Schwabe brachte die besten Voraussetzungen mit, um ein guter Deutscher zu werden. Doch ich sollte versagen. Denn ich wollte natürlich nicht nur irgendein guter Deutscher sein, sondern gleich ein moderner guter Deutscher.

Doch gerade das Vertrauen auf zwei Pfeiler moderner Lebensformen musste sich bitter rächen. In diesem Fall waren es die Dogmen »Mann von Welt muss telefonisch erreichbar sein« und »Mann von Welt schließt seine Geschäfte in der Sauna ab«.

Müde von der ersten Arbeitstunde des Tages, beschloss ich, mich eine Runde in der Sauna zu erholen. Neben einem kleinen, gelben Handtuch nahm ich immerhin mein Notebook mit, um geschäftliche Interaktionen vorzubereiten, und selbstverständlich mein Handy, um erreichbar zu sein. Wenn sich der Coup anbietet, muss man ohne die kleinste Verzögerung zuschnappen können.

Als verhängnisvoll erwies sich, dass mein Fitnessclub die Räume für Herren und Damen vertauscht hatte, ohne dies ausdrücklich auszuschildern. Folgerichtig setzte ich mich mit meinem kleinen, gelben Handtuch um die Hüfte in die falsche Kabine und schaltete dort mein Notebook ein.

Eben in diesem Augenblick betraten zwei junge Damen die Dampfbude und entschieden sich dafür, zu bleiben und darauf zu warten, dass der Eindringling, welcher ich war, verschwinde. Das machten sie mir sehr deutlich klar. Eben in diesem selben Augenblick klingelte mein Handy. Eben in diesem immer noch selben Augenblick realisierte ich auch, dass ich nicht mit Handy und Notebook und Handtuch die Kabine verlassen konnte, ohne eines von den Dreien zu verlieren.

Also blieb ich sitzen und meldete mich.

»Ach, Lisa! Du bist es! Hör zu, ich . . . Nein, natürlich darfst du mich jederzeit anrufen, aber im Moment . . . Ehrlich, Lisa . . . Hör mir doch bitte kurz zu, Lisa . . . Nein, du hast mir noch nicht erzählt, wie die Tomatencremesuppe noch mehr Aroma bekommt, aber ich will es . . . Liisaa . . . Liisaa. . . .«

Die folgenden zwölf Minuten waren geprägt von Regelmäßigkeit. Alle paar Sekunden holte ich kurz Luft, um zum Sprechen anzusetzen und ihr gründlich die Meinung zu sagen, jedoch: Ich kam nicht dazu. Schließlich wechselte sie von alleine das Thema.

»Wer kichert da im Hintergrund, Mausi?«

Die Stimme war so eindringlich, dass sie nicht nur von mir zu hören war und somit das Kichern noch verstärkte.

»Natürlich bin ich im Büro, Lisa, wo denn sonst? Woher dann das Kichern kommt? Lisa, hast du noch nie . . . Natürlich nehme ich dich ernst . . . Ja, das tu ich doch. Du weißt doch, dass ich dich . . . Ich soll dir eine Liebeserklärung machen, auf der Stelle? Bitte, Lisa . . .«

Jetzt fing sie umgekehrt an, mir die Leviten zu lesen, und die Situation wurde peinlicher und peinlicher. Schließlich entschloss ich mich, die größtmögliche noch denkbare Peinlichkeit auf mich zu nehmen, um weiteren Peinlichkeiten zu entgehen: Mit einer Hand hielt ich weiterhin das Handy fest, mit der anderen sowohl das Notebook als auch das Handtuch vor dem Bauch zusammen. Wer noch in der Lage ist, sich das vorzustellen, wird zustimmen müssen, dass das nicht ganz einfach war. So tapste ich gebückt mit kleinen Schritten nach draußen. Leider war da nicht weniger los – mir blieb nur die Flucht auf die Veranda. Ach ja: Es war Anfang November.

»Ja, Lisa, ich bin noch dran . . . Doch, ich hab sehr wohl verstanden, dass ich ein Macho bin . . . Ich muss jetzt trotzdem . . . Nein, ich schlottere nicht . . . Du weißt doch: die Heizungssysteme in Hochhäusern . . . Nein, es gibt nichts Wichtigeres, als mit dir zu telefonieren . . . Ja, ich nehme mir heute abend frei . . . Ja, du kriegst den Nerz, aber . . .«

Endlich war sie zufrieden. Ich konnte mich gar nicht mehr verabschieden, so schnell hatte sie aufgelegt. Mit letzten Kräften hatte ich die Krise noch einmal abgebogen. Ansprüche haben diese Frauen.

Ehe mir vollends Arme und Beine abfroren, machte ich mich auf den Weg zurück ins Haus. Ich würde mich schnell anziehen und wortlos verschwinden und die beiden Damen nie wiedersehen. Ein Glück.

Als ich mich eben umdrehen wollte, um ins Warme zurückzukehren, piepste das Handy erneut. Wartete nun zur Versöhnung das große Geschäft? Für das hätte ich sogar einen erfrorenen Zeh in Kauf genommen. Das große Geschäft allerdings war es nicht ganz.

»Gabi – du . . . ? In die Oper . . . ? Heute abend . . . ?«

Die Rot-Grün-Schwäche

Die folgende Geschichte lässt sich überall in meiner Biografie einordnen, da sie mir in verschiedenen Variationen mehrmals täglich zustößt.

Es gibt in unserem Kulturkreis nicht wenige Menschen mit einer Sehschwäche, was Rot- und Grüntöne betrifft. Einer davon bin ich. Nicht, dass dieser Umstand mir Probleme bereiten würde. Nein, die bereitet er nur meinem Umfeld.

An dieser Geschichte zeigt sich auch nebenbei, dass sich Autofahren rächt – ich hätte nie den Führerschein machen dürfen und erst recht nicht den roten Wagen meiner Eltern leihen. Ich lieh ihn, um damit nach Stuttgart ins Stadion zu fahren. Begleitet wurde ich, wie auch künftig, wenn es um Fußball gehen wird, von Zumsel, Gilli und Andi. Aber gleich vorweg: Keine Schuldzuweisungen an die drei! Sie repräsentieren hier nur alle anderen der Normalsehenden.

Etwa drei Kilometer vor dem Aichelberg kamen wir auf die Vereinsfarben des VfBs – der ehemaligen schwäbischen Fußballgröße mit politikgesponserten Anzeigetafeln – und des SV Werder Bremens zu sprechen. Die Bremer haben die Vereinsfarben Grün-Weiß, spielen aber anscheinend diese Saison in roten Trikots.

Ich sagte dummerweise: »Die grünen Trikots mit den weißen Ärmeln haben mir noch nie gefallen«, worauf sich die anderen mit einem Schlag in entsetztes Schweigen hüllten und nur noch die alte, schadhafte Servo-Pumpe unseres Wagens zu hören war. Es war nur eine Sekunde, die mir wie eine Ewigkeit vorkam. In der Zwischenzeit ahnte ich schon Böses, verglich in rasender Eile im Geiste die Trikots der Bremer vom letzten Jahr mit denen von diesem Jahr, verglich diese wiederum mit Hilfe meines annähernd fotografischen, doch leider farbengestörten Gedächtnisses mit den T-Shirts anderer Vereine, von denen ich sicher wusste, dass sie in Rot spielten, und kam zu dem Schluss, dass die Bremer in dieser Saison wohl die Trikotfarbe gewechselt haben mussten, und schon schallte mir aus allen drei Kehlen meiner Mitfahrer ein kreischendes »Hä?« entgegen, so vorwurfsvoll, als hätte ich Jim Morrison eben zum Deutschen Bundespräsidenten erklärt.

»Die spielen doch schon Ewigkeiten nicht mehr in Grün!« erläuterte Gilli seinen Unmut. »Sag mal: Hast du das nicht bemerkt?«

»Doch, schon«, stammelte ich, und um die Situation zu entwirren, begann ich zu erklären, was sich als unverzeihlicher Fehler herausstellen sollte.

»Ich habe eine leichte Rot-Grün-Schwäche«, begann ich, »aber das ist nichts Schlimmes. Nur manchmal sehe ich eben Rot als Grün oder Grün als Rot, oder ich brauche zumindest eine Weile, bis ich die Farben entschlüsseln kann.«

Hätte ich den Blick nicht auf die Straße gerichtet, hätte ich in drei Gesichter geblickt, die sich im fragenden Ausdruck gegenseitig zu übertreffen versuchten. Wenig später setzte dann ein fröhliches Farben-Ratespiel ein, welches ich immer in solchen Situationen zu spielen habe und auf den Tod nicht ausstehen kann.

»Welche Farbe hat dein Auto?« fragte Andi, und ich antwortete routiniert und mit einem ordentlichen Überlegenheitsgefühl in der Stimme: »Rot.«

»Richtig«, hörte ich die anderen denken.

»Welche Farbe hat dein Schal?«

»Schwarz.«

»Ich meine: die Schrift?«

»Rot.«

»Und meiner?«

»Auch Rot.«

»Die Schuhe?«

»Braun – glaube ich. Ich muss auf die Straße schauen.«

»Der Opel vor dir!«

»Hmm – Grün.«

»Du siehst doch gar nicht schlecht«, sagte Andi in einem Ton, als hätte soeben ein Blinder das Sehen erlernt, und ging über in Phase zwei des Annäherungsprozesses an die Krankheit namens ›Rot-Grün-Schwäche‹.

Er fragte: »Wie siehst du denn eigentlich die Farben? Alle grau? Oder braun? Oder gestreift, kariert, gepunktet?«

»Nein«, holte ich aus zu meinem mittlerweile auswendig gelernten Erklärungsmodell, »ich sehe eigentlich ganz normal – glaube ich zumindest. Ich weiß ja auch nicht, wie ihr seht. Ich sehe auch alles farbig und bunt. Ich sehe auch bestimmte Farben grün oder braun oder rot. Nur manchmal eben rot statt grün oder andersrum.«

Phase zwei bringt gewöhnlich ernsthaftes Interesse an der Thematik mit sich.

»Und welche Farben genau siehst du dann falsch?« bohrte Gilli weiter. Ich vertraute ihm wohlwollend mein Geheimnis an: »Ich weiß es nicht. Ich denke, es hängt mit der Intensität zusammen. Ganz dünne Striche kann ich am schwersten auseinander halten. Oder sehr helle Leuchtschriften.« Gilli, Zumsel und Andi zuckten zum zweiten Mal zusammen. Jetzt begann die dritte Phase, das Sorgenmachen.

»Und was ist mit Verkehrsampeln?« platzte es aus ihnen heraus.

»Überhaupt kein Problem«, beruhigte ich. »Da sehe ich erstens, wo es leuchtet, und außerdem ist das doch gar kein richtiges Rot oder Grün.«

Ich schien sie nicht überzeugt zu haben. Denn nun gingen sie über in eine zweite Testphase unter der Überschrift: »Mache den kleinsten Fehler und du bist deinen Führerschein los!«

Ich hielt mich wacker, beantwortete völlig korrekt die Farben der Wiese, des Golfs, des Kadetts, des Lasters, des Baums, des Pullis einer Tramperin, des Kanaldeckels, verchiedener Laub- und Nadelbäume, diverser Wahlplakate, und selbst die Digitalanzeige der Autouhr erkannte ich in Höchstform als »Hellrot-Orange«.

Inzwischen befanden wir uns mitten im Stadtverkehr, und meine Nerven waren angespannt wie die G-Saite meiner Gitarre, die ich in der Woche zuvor drei Mal neu aufgezogen hatte.

Dann geschah das Verhängnisvolle.

»Wie war doch gleich deine Wagenfarbe?« höhnte Zumsel, als die Ampel vor mir zufällig gerade auf Grün schaltete, und ich sagte in der Verwirrung kurz: »Grün.«

»Aah!« schrien meine drei Freunde auf, als käme uns in dem Moment ein LKW auf unserer Fahrspur entgegen.

»Lass uns aussteigen! Wir wollen raus! Wir gehen zu Fuß! Mit dir fahren wir nicht mehr! Hilfe! Polizei! Wir werden entführt«, kreischten sie wild durcheinander und ließen sich von mir in keinster Weise wieder beruhigen.

Wie soll man am Steuer sitzend auch einer hysterischen, in Panik geratenen Gruppe Heranwachsender erklären, dass man vom Augenarzt amtlich bescheinigt bekommen hat, genügend zu sehen, und dass in diesem konkreten Fall nur ein winzig kleiner Versprecher vorlag?

Am besten gar nicht.

»Stooop«, röhrte es vom Rücksitz, 200 Meter vor der nächsten Ampel, die gerade gelb wurde.

»Haaalt«, brüllte es mir auch ins Ohr, obwohl ich bereits zum Bremsen angesetzt hatte, als ein Herr in rotem Sakko den Zebrastreifen überqueren wollte. Mein Auto glich einem Affenkäfig.

Als ob sie nicht gewusst hätten, dass ein Mensch die Eigenschaft besitzt, zum Wahnsinn getrieben werden zu können, trieben sie munter weiter und damit die Tragödie auf die Spitze.

Vor der nächsten Ampel zog Zumsel vom Beifahrersitz aus unvermittelt die Handbremse, so dass ich schon die Stoßstange des roten Käfers hinter mir in meinem Nacken hängen sah.

Andi öffnete das Fenster und schrie hinaus: »Vorsicht! Blinder am Steuer!«

Gilli leistete seinen Beitrag, in dem er seinen Fan-Schal zu einem stilisierten Galgenstrick zusammenknotete und immer, wenn wir an der Ampel warteten, vor den Passanten den Sterbenden mimte und dabei vehement auf mich deutete, als wäre ich dabei, ihn umzubringen.

»Wenn er es unbedingt will...«, dachte ich vor der nächsten Kreuzung, als kein anderes Fahrzeug vor mir war, bildete mir ein, ich sähe ein Grün, hielt permanent meine fünfzig, ließ mich nicht von dem Gejaule meiner Kumpels ablenken, auch nicht vom Hupkonzert der anderen Verkehrsteilnehmer, und fuhr, wie durch ein Wunder, unbehelligt über die Kreuzung, als wäre es das Normalste der Welt, bei Rot einfach weiterzufahren. Aber normal ist das nur in Italien.

In Deutschland hingegen ist es so wenig normal, dass Zumsel kurz hinter der Kreuzung (welch Reaktion!) wieder unvermittelt die Handbremse zog. Der Wagen drehte sich auf zum Teil schneeglatter Fahrbahn, prallte gegen einen Pfeiler und drehte sich auf den Rücken. Wie das gehen hätte sollen, weiß ich nicht, aber im Fernsehen sieht man das ja auch ständig.

Nachdem sich das Auto ausgeschaukelt hatte und wir realisiert hatten, was geschehen war, hingen wir benommen in den Gurten, trauten uns nicht, unsere Glieder zu bewegen – nur reden konnten wir noch.

»Farbe der Uniform?«

»Grün.«

»Farbe des Kreuzes auf der weißen Jacke?«

»Rot.«

»Farbe der Infusionsflasche?«

»Rot. Nein, Grün. Braun? Grau? Scheiße.«

Mann oder Memme

Die späte Schulzeit gehört zu den Phasen der Selbstfindung. In dem Teil des Lebens, der sich um Karriere, Familie, insbesondere Frauen dreht, also in dem Teil, der die Schwiegermütter und ihre Groschen-Romane interessiert, war mir schon immer klar: Ich bin ein Softie, ein Ja-Sager, ein chronischer dazu. Zum Glück spielt sich das wahre Leben jenseits dieser Klischees ab: auf dem Fußballplatz. Und da bin ich ein ganzer Mann.

Aus drei Gründen werde ich mich nämlich beim Fußball spielen niemals verletzen. Erstens: Ich passe auf mich auf. Zweitens: Ich bin stark. Drittens: Ich habe Angst vor dem Doktor.

Letztens habe ich es dennoch herausgefordert. Ich habe an einem 24-stündigen Fußballspiel vom Evangelischen Jugendwerk teilgenommen. Dabei geht es darum, möglichst viele Gegner auf die Bänder zu treten, damit möglichst wenige gesunde Gegner konditionell unterlegen sind. Daraufhin schießt man ein paar Hundert Tore und sammelt damit Geld für Straßenkinder in Paraguay, damit die sich Fußballschuhe mit Stollen leisten können und ihren Gegnern endlich auf die Bänder treten.

Das Risiko bei diesem Spiel ist natürlich, dass man selbst mit einem Bänderschaden ausscheidet. Was mir ja nicht passieren kann.

Die Tage vor dem Event war ich schrecklich nervös und konnte nicht schlafen. So nervös war ich, dass ich phasenweise nicht mehr unterscheiden konnte, ob ich nur nervös war oder womöglich Fieber hatte (unvorstellbar: so kurz vor dem größten Tag des Jahres!). Vielleicht konnte ich ja wegen dem Fieber nicht schlafen. Oder hatte vom wenigen Schlafen Fieber. Oder fieberte einem Stündchen Schlaf entgegen. Wie auch immer – ich tat das einzig richtige und verdrängte die Zahlen auf meinem Fiebermesser.

So kam der große Tag. Ich war nervös, übermüdet, fiebrig und hochmotiviert. Leider war es sehr heiß an dem Tag. Nach dem ersten Tor klappte ich zusammen. Als ich wieder denken konnte, reagierte ich blitzschnell, tat so, als bünde ich meine Schuhe, ließ mich kurz auswechseln und legte mich an den Spielfeldrand. Nach wenigen Augenblicken fühlte ich mich wieder fit, stürmte auf den Platz und gegen einen Gegenspieler, wobei ich mir eine blutige Nase holte.

Ein Indianer kennt keinen Schmerz. Und ein Fußballer schon gar nicht.

Ich kickte weiter, rannte, kämpfte, grätschte meine Waden auf, bekam einen Schlag gegen das Knie, einen gegen den Oberschenkel und verlor eine Kontaktlinse. In Spielminute Drei fragte ein Mitspieler, ob ich mich nicht gut fühlte.

Ich? Mich nicht gut fühlen? Wo kämen wir denn da hin. Ich machte ihn an, von wegen er solle sich um seinen eigenen Kram kümmern, und jagte weiter meinem ersten Tor entgegen. Wenig später die ganz dicke Chance. Ich habe den Ball am Fuß, will um den Torwart herum gehen, er spitzelt den Ball weg, ich falle, und in dem Moment krampfen beide Waden.

Ich sagte natürlich nichts. Aber nachdem ich es eine Viertelstunde lang nicht schaffte, aufzustehen, kamen die anderen besorgt angerannt, schnappten meine Beine, dehnten meine Waden und trugen mich an allen Vieren vom Platz, während ich beteuerte, mir würde nichts fehlen, das sei ein Missverständnis, alles Intrige, sie wollten mich schneiden, alles Matthäusse, eine Schweinerei, sofort loslassen!

Das taten sie, und ich plumpste auf die Matratze. Zwei Helferinnen ergriffen meine Waden und kneteten darauf herum. Nach wenigen Berührungen spürte ich schon die Besserung, bedankte mich, sprang quasi auf und krabbelte unter kleineren Nachkrämpfen (nicht weiter beachtenswert) erneut auf den Platz.

Dort erst bemerkte ich, dass sie mir einen Schuh ausgezogen hatten. Nicht weiter tragisch, dachte ich, doch da meinem Fuß nun das schützende Element fehlte, knickte ich beim ersten Antritt um. Jetzt war es passiert! Ein stechender Schmerz zog sich das Fußgelenk nach oben. Ein gewaltiger Schrei – beinahe hätte ich ihn ausgestoßen, doch gerade noch rechtzeitig bekam ich mich wieder in den Griff, biss auf die Zähne und sagte leise: „Autsch."

Dann stürzte ich mich wieder ins Geschehen. Schließlich verblieben mir nur noch 23 Stunden und 30 Minuten für mein Tor. Auch wenn meine Mitspieler mich immer wieder darauf hinwiesen, dass mein Lauftempo um einiges hinter meinem üblichen Niveau und eigentlich auch dem eines Regenwurmes zurück bliebe, blieb ich beharrlich auf dem Feld und ließ mich nicht auswechseln.

Doch meine Taktik musste ich nun ändern. Ich schränkte meinen Aktionsradius auf den vorderen Teil des Feldes ein. Dort aber ackerte ich wie ein Laufwunder. Ein ums andere Mal rannte ich zwischen dem rechten und linken Torpfosten hin und her, um Räume für die anderen zu reißen und mich selbst frei zu laufen. Mit unbeschreiblichem Willen und einer beeindruckenden Energie hielt ich das rund 23 Stunden am Stück durch, im einen oder anderen Fall auch mal sitzend oder robbend. Aber wer meine Augen gesehen hätte, der hätte darin diesen unbedingten Willen erkannt, der einen Siegertypen ausmacht.

Und in Stunde 24, genau nach 1412 Minuten, wurde ich für meinen ausdauernden Einsatz belohnt: Ein harter Schuß traf mich am Hinterkopf und zischte von dort aus förmlich ins Kreuzeck! Was für ein Tor! Welche Technik! Zu gerne hätte ich eine Ehrenrunde gelaufen und mich feiern lassen. Indes: Es ging nicht mehr.

Gut, wir haben das Spiel schließlich 76:311 verloren, doch ich kann mich trotzdem als Sieger fühlen. Schließlich war ich am längsten von allen auf dem Feld und habe mein Durchhaltevermögen bewiesen. Aussagen, nach denen wir mit frischeren Spielern hätten gewinnen können, muss ich als unqualifiziert zurückweisen.

Das Erwachsenwerden

Als das Jahr 2000 gerade nur so auf mich zu raste, geschah es urplötzlich, dass der Ernst des Lebens sich in mein beschauliches Dasein einmischte. Dabei hatte ich bis dahin alles überlebt: Tanzschule, Tanzschulen-Abschlussball, Tanschulen-Abschlussball-Partnerinnen und auch Tanzschulen-Abschlussball-Partnerinnen-Suche. Jetzt aber standen die wirklich prägenden Jahre meiner Entwicklung bevor. Und, wie rührend, im Mittelpunkt stand zunächst genau das, was einst als erstes Wort ausformuliert meine trägen Lippen verlassen hatte, genau: ein Gaga. Erwachsene nennen es auch »Auto«, aber die meisten nur liebevoll »Finger weg von meinem Wagen!«

Die Fahrschulmafia

Die Anforderungen, um bei uns den Führerschein zu bekommen, sind – berechtigterweise – sehr hoch. Wer aber sehr gut vorbereitet und schon überaus geübt ist, der hat in der Prüfung immerhin zwei Möglichkeiten. Entweder er besteht nicht, oder er fällt durch.

Mein Fahrlehrer von der Fahrschule »Nur Mut« machte mich gleich darauf aufmerksam, dass es in den letzten Jahren niemand geschafft habe, die Prüfung zu bestehen, ohne zuvor einen speziellen Sicherheitskurs bei der Firma »Mehr Mut« zu absolvieren. Das koste allerdings eine Kleinigkeit. Ich verzichtete auf die Kleinigkeit und ging selbstbewusst in die Prüfung. Nicht einmal die beiläufige Beobachtung, dass mein Fahrlehrer drei Zigaretten auf einmal im Mund hatte, beunruhigte mich.

Nach dreißig Metern sollte ich quer zur Straße einparken. Der Parkplatz war sogar relativ breit, so dass ich keine Schwierigkeiten erwartete. Ich schaute in den Innenspiegel, den Außenspiegel, schulterblickte, blinkte, bremste. Ich holte Luft, legte den Rückwärtsgang ein, schaute nach vorne, nach hinten, musterte die Parklücke, gab ganz vorsichtig Gas. Als die Kante des davor parkenden Autos im Dreieckfenster der hinteren Türe auftauchte, lenkte ich ein bis zum Anschlag, alles passte genau, und dann rummste es. Mein Fahrlehrer trat in die Bremsen. Es piepste. Hoppla, durchgefallen.

Zunächst war ich wie erstarrt. Als ich mich langsam erholt hatte, stieg ich aus und sah hinter dem Auto ein paar Stangen, die einst vermutlich einen Kinderwagen gebildet hatten. Kein Mensch weit und breit. Doch mich ließ das Gefühl nicht los, dass der Kinderwagen mehr gegen das Auto als das Auto gegen den Kinderwagen gekracht war.

Unverdrossen meldete ich mich zur nächsten Prüfung an. Ich witterte schon die Möglichkeit einer groben Ungerechtigkeit und war besonders vorsichtig. Nach dreißig Metern forderte mich der Prüfer auf, quer zur Straße einzuparken. Ich überhörte das und fuhr geradeaus weiter, hinter mir sah ich einen Kinderwagen über die Straße rollen. Das sollte wohl eine Warnung sein.

Nach der Ermahnung des Fahrlehrers stieß ich in eine andere Parklücke, ohne Probleme. Ich bemerkte auch beim Ausparken das Kind, das zwischen den Autos hervorkroch, und ließ mich nicht davon beeindrucken, als an sämtlichen Rechts-vor-links-Stellen just in dem Moment, in dem ich ankam, ein Fahrrad oder Kleinwagen heran schoss. Ich hielt jedesmal. Ein anderer Fahrer winkte mich vorbei und trat aufs Gas, als ich gerade anfahren wollte. Ich musste scharf bremsen. Auf der Hauptstraße wackelte ein Fahrrad derart vor mir her, dass ich mich nicht getraute, bei unter zwanzig Stundenkilometern zu überholen. An der Ampel zeigte der Radfahrer deutlich ›nach rechts‹ an, um dann nach links zu fahren und auf der Kreuzung umzufallen. Ich war zum Glück noch nicht einmal losgefahren, konnte damit meine Unschuld beweisen, war zwar runter mit den Nerven, aber noch im Rennen.

Jetzt kam der Überlandteil. Ein Laster drückte sich in einer Einfahrt vor mich und fuhr genüsslich bei siebzig Stundenkilometern durch die Gegend. Auf einer langen Geraden forderte mich der Fahrlehrer auf, zu überholen. Ich überholte. Ein Traktor stach aber genau in diesem Augenblick aus einem Waldweg. Ich bremste, der Lastwagen bremste, ich gab Gas, der Lastwagen gab Gas. Ich bremste noch schärfer und bog nach links in einen Parkplatz ein, den nur der Himmel geschickt haben konnte. Ich tat so, als hätte ich schon immer diese Absicht gehabt, entschuldigte mich kurz und verschwand für einen Augenblick in die Büsche. Man muss eben manchmal.

Als ich zurück kam, blickte ich in staunende und irgendwie doch mutmachende Gesichter von Prüfer und Fahrlehrer. Auf dem Weg zurück in die Stadt geschah nichts Furchterregendes. Doch wenige Meter vor dem Ziel, dem Ausgangspunkt der Prüfung, versperrte an einer Baustelle ein Bauwagen meinen Teil der Fahrbahn. Es war in einer Kurve. Ich sah gerade noch, wie ein entgegenkommendes Auto hinter dem gelben Wagen verschwand und wollte warten, bis es an mir vorübergefahren war. Es fuhr aber nicht vorüber. Der Fahrlehrer forderte mich auf, zu fahren. Wir debattierten kurz, er wurde schärfer. Mit dem Gefühl, gezwungen zu werden, in einen Abgrund zu springen, gab ich Gas und lenkte aus. Natürlich kam ein Auto entgegen. Ich bremste, mein Fahrlehrer bremste, es piepste. Wieder durchgefallen.

Am nächsten Tag suchte ich in den Gelben Seiten nach »Mehr Mut«. »Erst rechnen, dann lenken« war die Unterschrift, ebenso: »Sicher durch die Prüfung.« Ich suchte die Adresse auf, es war eine kleine, miefige Kneipe in der Altstadt. Ich fragte den Kneipier nach »Mehr Mut«, und er führte mich in ein Hinterzimmer im Versicherungsbüro-Stil. Ich meldete mich für einen Kurs, ließ dafür läppische 500 Mark liegen, na ja, der Führerschein kostete ohnehin eine Menge.

Schon am nächsten Tag war der Kurs. Um Halb Acht erschien ich in der Kneipe, zusammen mit vier anderen verzweifelten Fahrschülern. Ein vom Rauchen zerfurchtes Gesicht stellte sich uns vor und sagte, es solle wohl den Kurs leiten. Dann fragte es jeden von uns, ob er geradeaus fahren könne. Wir bejahten und wurden nach Hause geschickt.

Vor der Prüfung hatte ich riesigen Bammel. Zuerst würgte ich den Motor ab, was mir noch nie zuvor passiert war. Dann zitterte ich mich die Tempo 30-Zone entlang. Nur langsam gewann ich an Sicherheit. Die Stadt aber war wie leergefegt. Jede Abzweigung war seltsamerweise abgesperrt wegen irgendwelchen mysteriösen Kanalarbeiten. Wir drehten vier Runden um den Block, ohne einem anderen Fahrzeug zu begegnen oder eine andere befahrbare Straße zu finden, dann hatte ich bestanden.

Abibuffet

Der Ernst ließ nicht locker. Schon stand das Abitur vor der Tür. Die meisten Menschen haben höchstens einmal im Leben die Möglichkeit, dabei mitzuschreiben. Wer das dann nicht auskostet bis zum Letzten, ist selber schuld.

Damit wir die viereinhalb Stunden dauernde Prüfung in Deutsch besser überstanden, hatten uns die Sekretärinnen ein kleines Buffet gerichtet, auf einem schmucken Tisch an der Seite des ansonsten tristen Raumes. So sollte jeder die Möglichkeit haben, sich eine Tasse Kaffee oder Ähnliches zu holen, falls man drohte, in ein kleines Loch zu fallen.

Wir bekamen vier Aufgaben ausgeteilt, aus denen wir eine bearbeiten mussten, und ich sah sie mir sorgfältig durch. Ich war auf alle Themen perfekt vorbereitet und hatte so die volle Auswahl. Um diese vielleicht vorentscheidende Aufgabenwahl nicht zu überstürzen, ging ich zunächst einmal leise zu dem Gabentisch, der von mir aus an der entgegengesetzten Wand stand. Ich schenkte mir eine Tasse Kaffee ein, verschüttete ein gutes Stück – wohl aus Nervosität – und nahm daher zur Beruhigung noch einen Apfel mit. Auf halbem Weg entschied ich mich, statt des Apfels ein Tellerchen Obstsalat zu wählen, da dieser von den Vitaminen her ausgewogener ist. Beim Umdrehen schüttete ich den Kaffee über das Blatt unseres Klassenprimus, der bereits eine Seite geschrieben hatte.

Nachdem ich die Sauerei beseitigt, ihn wieder beruhigt und mich auf meinen Platz begeben hatte, konnte ich keinen klaren Gedanken fassen. Die Sache war mir so schrecklich peinlich. Um den Fauxpas abzuhaken, holte ich ein Törtchen für den Klassenprimus, doch er lehnte mürrisch dankend ab.

Jetzt musste ich mich um meine Aufgaben kümmern. Alle vier waren durchaus zu schaffen, aber irgendwie ungeschickt formuliert und kompliziert und denkaufwendig. Zum Denken fühlte ich mich an diesem Morgen eigentlich schon nicht mehr in der Lage. Also holte ich einen Tee. Dann einen frischgepressten Orangensaft. Dann ein Mineralwasser. Schließlich doch wieder Kaffee.

Nichts half. Inzwischen spielte ich aufgedreht mit meinem Bleistift, zeichnete Comicfiguren auf den Tisch – für ein Thema aber konnte ich mich nicht entscheiden. Nach langem, zähem Überlegen und einer Banane, einem Stück Schokolade, einem Glas Milch ohne und einem mit Honig, einem Nutella-Brot und weiteren drei Tassen Fair-Trade-Kaffee hatte ich eine Lösung. Ich loste.

Dazu besorgte ich mir vier Mon Cherries, in deren Verpackungspapierchen ich die Zahlen der Aufgaben schrieb und diese zusammenfaltete. Ich zog Nummer drei, und eben in diesem Augenblick bestieg mich das Gefühl, diese Aufgabe am wenigsten von allen zu mögen. Dann zog ich die Vier und dann die Eins und rang mich dazu durch, Thema Nummer zwei zu bearbeiten, einen Gedichtvergleich zwischen Mörike und Eschenbach.

Diesen Etappensieg begoss ich mit einem halben Liter Cola, einer Butterbrezel, einer Debracziner-Wurst und einem halben Baguette. Die Überlegungen zur Einleitung wurden unterbrochen durch den extremen Drang nach einer Toilette. Ich musste allerdings erst darum kämpfen, weil ziemlich viele mussten und immer nur einer durfte.

Vom langen Gang zur Toilette erschöpft, gönnte ich mir zunächst einen großen Teller Salat und ein bisschen Gemüse. Einem Stück kalte Pizza konnte ich auch nicht widerstehen. Der erste Schüler gab nach dreieinhalb Seiten ab. Ich musste mich nun langsam sputen. Doch mein Bauch schmerzte.

Ich hoffte, dieses so störende Wehwehchen durch ein paar Tassen Tee zu beheben, vernaschte dabei ein paar Pralinen und einen Joghurt, eine gesunde Kiwi und zwei harte Eier. Dann zählte ich die Zeilen des Gedichts sowie die langen as und offenen os. Dann besorgte ich ein Dose Red Bull als Zeichen zum Endspurt. Denn ich realisierte, dass ich so langsam wirklich schreiben musste. Eigentlich so schnell wie nur möglich. Nur noch schreiben, schreiben, schreiben.

Meine Blase drückte wieder. Ich ignorierte es. Sie drückte heftiger. Ich biss die Zähne zusammen. Sie zerplatzte fast.

Mir rannen die Schweißperlen von der Stirn. Die elf Zeilen, die ich geschrieben hatte, zerliefen. Es half alles nichts. Ich musste nochmal aufs Klo, Abitur hin oder her. Denn nachdem der erste abgegeben hatte, durfte keiner mehr raus. Ich nahm mein Blatt mit der verschmierten, unfertigen Einleitung, klatschte es der Aufsichtsperson auf den Tisch und rannte runter aufs Klo, jederzeit Gefahr laufend, auszulaufen.

Nachdem ich mich erholt hatte, wurde mir langsam bewusst, was geschehen war. Ich hatte soeben mein Abitur verschenkt! Und das nur wegen meiner Fress-Sucht. Frustriert, depressiv und zutiefst reuig kroch ich die Treppen wieder hinauf, um diese Schande vielleicht doch noch beheben zu können, legte mir meine Bettelformulierungen zigmal zurecht, nahm schließlich allen Mut zusammen, klopfte an die Tür meines Niedergangs, trat mit einem um Verzeihung winselnden Gesicht vor den Lehrer und fragte, ob ich noch ein Stück von dem Lachsfilet testen durfte.

Der bequemere Weg

»Ersatzdienst leisten ist der bequemere Weg!« hatte doch der Herr mit der Weste und der Deutschland-Flagge im Hintergrund jedem zornig eingebläut, der sich im Kreiswehrersatzamt des Alb-Donau-Kreises auf Herz und Nieren und Wehrfähigkeit prüfen lassen musste. Er hat nicht Recht behalten. Im Gegenteil: Den Wehrdienst zu verweigern, ist der weit umständlichere Weg, um bei der Bundeswehr zu landen.

Drei Monate nach meiner Musterung und gleichzeitiger Verweigerung erhielt ich meine Anerkennung als Kriegsdienstverweigerer und machte mich daran, mir eine Ersatzdienststelle zu suchen, gemeinhin »Zivistelle« genannt. Da das Verweigern der bequemere Weg ist, muss man sich dabei um alles selbst kümmern. Man hatte mir aber eine Liste mit Adressen und Telefonnummern mitgegeben, aus denen ich mir diejenigen im Bereich des Sanitärdienstes herauspickte.

Zuerst rief ich beim Deutschen Roten Kreuz an, genauer gesagt bei Herrn Kramer. Der meinte, für Zivildienststellen sei Herr Siever zuständig und verband mich mit Frau Schneider. Die gab sich etwas überrascht, verband mich aber hilfsbereit weiter an das Vorzimmer von Herrn Siever. Nach zwölf Minuten »Wochenend und Sonnenschein«-Wartemelodie kam ich dort an. Die Frau im Vorzimmer fand nach längeren Untersuchungen heraus, dass Herr Siever derzeit im Urlaub sei und erst in acht Tagen wieder komme.

Solange solle ich mich an Herrn Kramer wenden. Und ehe ich widersprechen konnte, knurrte mir aus der Muschel ein müdes »Kramer« entgegen, einen Halbsatz später dann ein »Haben Sie nicht vorher schon angerufen?«.

Ich erklärte ihm, dass es sich noch immer um denselben Anruf handle, worauf er sich entschuldigte und mir einen Termin in elf Tagen gab. Elf Tage später fuhr ich mit der Bahn und drei Buslinien zur Geschäftsstelle des Deutschen Roten Kreuzes und erfuhr, dass für dieses Jahr alle Zivildienststellen bereits vergeben waren.

Kaum mehr Glück hatte ich beim Arbeiter-Samariter-Bund. Bei meinem ersten Anruf empfing mich freundlichst ein Automat, der mir mit einer sanften Frauenstimme mitteilte, dass der ASB inzwischen unter der Nummer 0731/456-432 zu erreichen sei. Unter der Nummer 0731/456-432 meldete sich dann eine weniger sanfte Frauenstimme und sagte: »Kein Anschluss unter dieser Nummer...« Die geradezu schrille Frauenstimme der Telefon-Auskunft ermittelte mir die Nummer 0731/486-432. Also läutete ich diese Nummer an. Diesmal meldete sich eine Männerstimme. Sie teilte mir mit, dass der Arbeiter-Samariter-Bund noch nie Stellen für Zivildienstleistende angeboten habe.

Da ich mich als pazifistisch angehauchter Kriegsdienstverweigerer aber bekanntlich durch nichts aus der Ruhe bringen lasse, versuchte ich daraufhin klaglos mein Glück bei der Johanniter-Unfall-Hilfe. Die ersten neun Anrufe lang war der Anschluss belegt. Die nächsten sieben Male war der zuständige Bearbeiter, Herr Woslow, in der Cafeteria. Dann flog ich drei Mal beim Vermitteln aus der Leitung. Beim zwanzigsten Anruf war Herr Woslow, welch Überraschung, in einer wichtigen Besprechung. Ich wartete in der Leitung 35 Minuten. Dann war Feierabend. Am nächsten Tag brauchte ich nur dreizehn Anläufe, um zu erfahren, dass Herr Woslow dienstags nicht arbeitet. Am Mittwoch um 16.53 Uhr, nach 17 Telefongesprächen, bekam ich einen Termin für ein Vorstellungsgespräch als Aushilfsraumpfleger.

Nach einer anstrengenden vierstündigen Reise als Tramper, langem, verwirrenden Fußmarsch durch Stuttgart – die Telefongespräche hatten mein Taschengeld aufgefressen – und zwei unterhaltsamen Stunden im Vorzimmer saß ich Herrn Woslow gegenüber. Gerade war ich dabei, meine Unterlagen aus der Tasche zu kramen, als Herr Woslow sich erhob und ans offene Fenster stellte, die Sonne hinter der vernebelt verseuchten Stadtluft betrach-

tete und sagte: »Machen Sie sich doch lieber einen schönen Tag, Herr...äh...,
mir ist aufgefallen: Die Ihnen gefallende Stelle haben wir vor zwei Jahren
gestrichen.«

In einem plötzlichen, mir gänzlich unbegreiflichen Anfall rasender Wut
schleuderte ich meine Tasche nach Herrn Woslow. Er verlor unglücklicherweise das Gleichgewicht und kippte aus dem Fenster des siebten Stock-
werks der Geschäftsstelle.

Daraufhin sah das Kreiswehrersatzamt die Gewissensgründe meiner Verweigerung als hinfällig an. Ich wurde eingezogen und kam durch ungün-
stige Umstände beim Anlanden eines Beibootes an der kroatischen Küste
ums Leben. Das hätte ich auch einfacher haben können.

Arbeitsallergie

Statt mich in Kroatien umbringen zu lassen, hätte ich natürlich auch
Weg meines damaligen Nachbarn einschlagen können:

Wenn die männliche Jugend etwa 19 ist, geht sie zur Bundeswehr, oder
sie leistet ihren Dienst im zivilen Bereich, oder sie ist krank.

Ich hatte mir eine Zivistelle in Erlangen bei Nürnberg genommen, und
zwar in der Individuellen Schwerstbehindertenbetreuung. Ich wusste, dass
dies keine leichte Arbeit werden würde, war aber guter Dinge, die Aufgabe
zu meistern. Am Tag vor meinem Dienstantritt saß ich mit zwei großen
Taschen im ICE nach Augsburg, als ich urplötzlich ein seltsames Stechen in
der Nase spürte, das sich im ICE zwischen Augsburg und Erlangen zu einem Stechen im Hals ausweitete und beim Beziehen meines Zimmer auf
die Lungen übergriff.

Am nächsten Morgen musste ich erst einmal zum Arzt anstatt zur Arbeit. Der untersuchte mich gründlich und schrieb mich zwei Wochen krank:
Verdacht auf Lungenentzündung.

Auskurieren wollte ich mich daheim. Das war offensichtlich eine gute
Entscheidung, denn der Heilungsprozess verlief schneller als erwartet, nach
einem halben Tag war ich wieder fit und hatte eine schöne Zeit.

Doch als ich zwei Wochen später wieder im ICE saß, kam das Stechen
wieder auf. Der Arzt sagte, es sei unverantwortlich gewesen, in diesem
Zustand die Reise auf mich genommen zu haben, und schickte mich umgehend nach Hause. Wieder fühlte ich mich nach 24 Stunden wie neu gebo-

ren. Meine Mutter sorgte sich dennoch sehr um meine Gesundheit und machte den vollklimatisierten ICE für meine Probleme verantwortlich.

Also fuhr ich vierzehn Tage später mit dem Regionalexpress über Aalen nach Erlangen, und siehe da: Meine Nase stach nicht. Nur mein Bauch schmerzte, als wolle er zum Explodieren ansetzen. Sofort wurde ich von Erlangen zurück nach Hause geflogen – mit einem richtigen Hubschrauber – und ins Krankenhaus eingeliefert. Nach drei Tagen stationärer Behandlung wurde die Annahme einer Blinddarmentzündung fallengelassen. Ich blieb zur Erholung zwei Wochen zu Hause und genoss das Leben.

Wieder in Erlangen, überfiel mich das Sumpffieber, zwei Wochen später die Gicht, dann das Rheuma. Daheim dagegen war das Leben schön und erholsam, ich las viel, trieb Sport und verliebte mich.

Doch anscheinend war die Erholung wieder nicht intensiv genug gewesen, also schickten mich die Ärzte vier Wochen in Kur, nachdem ich auf dem Weg zu meiner Dienststelle einen Schwächeanfall erlitten hatte.

In dem Nordseebad ging es mir hervorragend. Nur leider bekam ich nach dieser Zeit ohne Vorwarnung Gelbsucht – es war etwa auf Höhe der Autobahnausfahrt Erlangen Süd. Folge: Vier Monate Pause.

Da auch danach keine grundlegende Besserung eintrat und Folgeerscheinungen – wahrscheinlich durch falsche Medikamente – mich plagten (Asthma, Katarrh, Bänderdehnung, Migräne), brachte mich meine Mutter zu einem Arzt für Allergiker. Der entdeckte eine leichte Kohlenstauballergie, die aber nichts mit meinen Symptomen zu tun gehabt haben konnte. Das Klimaamt Franken schickte einen ratlosen Brief auf die Frage nach der Luftbeschaffenheit in dieser Gegend.

Das klingt alles so, als wäre ich ein halber Krüppel gewesen. Das stimmt allerdings nur zur Hälfte. Daheim im gemütlichen Klosterhof ging es mir auch zu dieser Zeit wunderbar.

Nachdem auch der Allergiedoktor mich aufgegeben hatte und sich nichts besserte (geschwollene Augen, Darmgrippe, Knorpelschäden), versuchte ich beim Psychoanalytiker eine Besserung zu erzwingen. Nach dreiwöchiger intensiver Therapie formulierte er die Vermutung, die Krankheiten könnten in der Angst vor meiner Arbeit begründet sein. Das leuchtete mir ein. Also erinnerte ich mich so ganzheitlich wie möglich an diesen Sachverhalt, um ihn aus dem Unterbewusstsein zu holen – diese Therapiephase dauerte gut zwei Wochen –, und fühlte mich danach wie ein neuer Mensch.

Mit großem Engagement begann ich nach einem kurzen Urlaub in Paris wieder mit meiner Arbeit. Und tatsächlich hatte ich nicht die kleinsten Schwierigkeiten mit meiner Gesundheit. Es ging mir sogar gleich so gut, dass ich mich mit meinen zwei Taschen wieder in den ICE getraute, als ich am folgenden Tag nach Hause fuhr. Mein Jahr als Zivi war zu Ende.

Enthaltsamkeit

So weit die Tipps für arbeitswütige Weltverbesserer von meinem Nachbarn. Doch auch ich war nicht wirklich gestorben. Doch manchmal habe ich es bereut. Denn das Zivi-Dasein, das ich schließlich in einem Stuttgarter Büro fristete, brachte viele Enthaltsamkeiten mit sich. Auf meine damalige Prinzessin musste ich ganz massiv verzichten, was nicht nur zu Bauchweh und Magengeschwüren führte.

Meine Prinzessin und ich wohnen derzeit – je nach Konstellation – eine dreiviertel bis zwei Zugstunden auseinander und haben deprimierende Arbeitszeiten. Wenn ich frei habe, dann kann man darauf wetten, dass sie Wochenenddienst hat – und andersrum. So ergibt es sich, dass wir uns manchmal eine ganze Woche oder länger nicht sehen. Das sind acht oder mehr Tage und acht oder mehr Nächte!

Nur wer ähnliches mitgemacht hat, kann sich vorstellen, welche Qualen das mit sich bringt – welche Qualen es mit sich bringt, Abende zitternd und schwitzend vor dem Telefon zu verbringen, zigmal den Hörer abzunehmen, um zu prüfen, ob das Telefon noch funktioniert, ebenso häufig den Stecker zu kontrollieren, wieder und wieder das Foto seiner Liebsten aus dem Geldbeutel zu kramen, um sich zu vergewissern, dass es sie auch wirklich gibt, und sich nicht aufs Klo zu trauen, weil sie sonst sicher genau in diesem Augenblick anruft.

Der Vorteil an diesen einsamen Abenden (an denen schließlich immer pünktlich um 21 Uhr der Anruf kommt) ist, dass die Liebe Zeit hat zu wachsen. Je mehr menschliche Schwächen in Vergessenheit geraten, desto heller erscheint der Glanz deines Mädchens, je größer deine Sehsucht wird, desto wunderbarer erscheint dir Aussehen, Auftreten und Ausstrahlung deines Engels.

Der zweitgrößte Schock ist daher, wenn ich am Wochenende meine Prinzessin bei ihren Eltern besuche, dass sie doch nur ein Mensch ist: keine

Flügel, keine übermenschlichen Kräfte und – das ist der größte Schock – mit eigenem Willen.

Als Paar ist es immer wichtig, sich blind zu verstehen. Ganz blind natürlich nicht, eher durch kurzen Blickkontakt, aber ohne Worte. Etwa, wenn man am elterlichen Tisch zu Abend isst und es aus meiner Sicht Zeit wäre, sich nach oben zu verabschieden. Doch leider klappt diese Blind-Verstehen bei uns nicht – sie gewinnt immer. Das Weintrinken mit den Eltern ist ja auch ganz gemütlich, und die Geschichten sind spannend. Nur: Da ist permanent dieser beißende Gedanke im Gehirn, dieses:»Wenn nicht jetzt, wann dann?«

Soll heißen: Wenn wir hier noch weiter fröhlich sind, sind wir nachher zu müde, um Zeit für uns beide zu haben, und morgen fahre ich wieder weg, ohne dass wir etwas voneinander hatten, und dann ist das und das und dies und jenes, und wenn wir uns wieder sehen, ist es zu spät zum Kinderkriegen.

Irgendwann ist der Abend dann vorbei, und meine Prinzessin hat Zeit für mich, doch ich bin verbittert und kann vor Heulkrämpfen nicht mehr reden.

Dies ist der glücklichere Verlauf eines Besuchs. Denn so beschließt man schließlich, dass es vielleicht ganz gut ist, sich eine Weile nicht zu sehen, und man verkraftet die einsamen Abende besser.

Läuft aber alles optimal, dann beginnt beim Abschied das große Seufzen und Jammern über die Böswilligkeit des Lebens, welches das große Glück einfach nicht zulassen will. Man könnte aus der Haut fahren vor lauter Ungerechtigkeit, wünscht die ganze Welt (oder alternativ sich und seine Freundin) zum Mond und verpasst garantiert die S-Bahn.

Und das Schlimmste: Die Geschichte beginnt von vorn.

Schwaben II

Bei der Berufswahl halten es die Schwaben wie beim Autokauf. Sie bevorzugen Daimler. Man hat zwar nur die Chance auf einen Ausbildungsplatz, wenn man jemanden kennt, der schon bei Daimler arbeitet, aber dafür gibt es ja den Vetter in der Kantine.

Einer versuchte sein Glück ohne den allgegenwärtigen und allmächtigen Autobauer. Hätte er das nur bleiben lassen.

47

Der Vermesser

Ein Schlosser, der gut Schlossern kann, sollte ein guter Schlosser sein. Oder nicht? Nun, da gibt es noch einen Schlosser, der kann auch gut schlossern, aber er kann eines nicht: er kann nicht messen. Er kann es einfach nicht. Das zu erklären oder zu verstehen fällt schwer. Aber er kann nicht messen. Er kann es halt nicht. Ob er trotzdem ein guter Schlosser ist? Dieser Schlosser, der zwar schlossern kann, aber nicht messen, heißt Alois, Alois Weiß, aber im Folgenden nur Alois, seine Mutter kennt der aufmerksame Leser übrigens bereits. Alois also wollte eigentlich gar kein Schlosser werden, aber sein Vater, ein Schlosser, der gut schlossern und gut messen konnte, wollte, dass Alois sein Geschäft übernahm. Also machte Alois bei seinem Vater eine Schlosserausbildung, und es zeigte sich, dass er ein vorzüglicher Schlosser werden sollte, ein selbstbewusster dazu, denn er stammte ja schließlich aus einer Schlosserfamilie (seine Mutter war eine Schlossersfrau!), doch messen, das konnte er einfach nicht, aber das machte nichts, denn das übernahm sein Schlosser-Meister, der ja sein Vater war. Der war erstens ein nachsichtiger Vater und zweitens ein guter Messer – und er maß gerne.

Und so kam ohne vorherige Anzeichen einmal der Tag, an dem der alte Schlosser alt war und sich aufs Altenteil zurückzog und der junge Schlosser alleine schlossern musste, was er gut konnte, und alleine messen musste, was er nicht konnte.

An Aufträgen mangelte es dem jungen Schlosser nicht, denn die Firma seines Vaters war im Ort sehr angesehen, und daher gingen alle, die etwas zu schlossern hatten, zu ›ihrer‹ Schlosserfirma im Ort.

So dauerte es nicht lange, da sollte Alois, der junge Schlosser, ein Treppengeländer schlossern für ein Treppenhaus in der Mörikestraße. Er nahm seinen Meterstab und veranstaltete einen Vor-Ort-Termin. Er klappte das Ding aus, maß oben, maß unten, maß links, maß rechts, versuchte, den Stab gerade zu halten und auf der richtigen Seite abzulesen, schrieb ungeordnet Zahlen auf sein Papier, strich sie wieder aus, schrieb sie erneut, grübelte, rechnete, überlegte, maß sogar noch die Neigung der Treppe aus, maß nochmal nach, korrigierte erneut einige Zahlen, und als die Zahlen schließlich einfach genug waren und keine lästigen Kommazahlen mehr auftraten, trat der selbstbewusste Schlosser seine eigentliche Arbeit an und schlosserte ein Treppengeländer.

Es war ein glanzvolles seiner Art, lag geschmeidig in der Hand, hatte wundervolle Schwingungen und einen einzigartigen Glanz. Indes, man kann es sich schon denken, es passte nicht.

Alois montierte es morgens in der Früh und war froh, allein zu sein. Denn er musste seine Arbeit manche Male leicht verändern, mal etwas weiter nach unten rücken, dann wieder nach oben, doch so hundertprozentig mochte es nicht gelingen. So wählte Alois die Lösung des größten Kompromisses.

Er ging wieder nach Hause, schrieb eine Rechnung, und als die Auftraggeber ihr neues Geländer betrachteten, fehlten unten und oben gut dreißig Zentimeter, die Treppe war zu Teilen um die Hälfte schmäler geworden, da die Kurven an der falschen Stelle verliefen, und in der Mitte hing das Geländer rund einen halben Meter in der Luft.

Da gab es dann aber Disput zwischen dem Schlosser und den Auftraggebern! Die polterten, beim alten Schlosser habe es das nicht gegeben, und Alois konterte geschickt, das sei eine Unverschämtheit und sie hätten offensichtlich mittlerweile eine neue Treppe eingebaut und seinen vollkommen selbst schuld und im Übrigen hätte die Treppe eine unzulässige Steigung und Eisen passe auch nicht zu den Bildern an der Wand.

Ja, um Worte war der junge Schlosser nie verlegen. Und weil er der einzige Schlosser am Ort war, kamen die Leute weiterhin zu ihm, zwar mit verbissenem Gesicht, giftsprühenden Augen und wenig gesprächig, aber sie kamen. Und sie bezahlten viel Geld für ihre kunstvollen, modern anmutenden Gartentore, die nicht schlossen, Vorhangstangen, die Fenster verriegelten, Balkongeländer, die frei in der Luft schwebten, Eisentreppen, die ins Nichts führten, oder, des Schlossers Lieblingsschlosserei, elektronisch ausfahrbare Balkonmarkisen, die mangels Montierbarkeit in der Garage lagerten und, eine weitere Tücke der Technik, immer dann ausfuhren, wenn jemand den Anlasser seines Autos bediente.

So schlosserte sich der junge Schlosser schnell ein kleines Vermögen zusammen und konnte sich bald sein eigenes Häuschen leisten, zu dem er einiges in Eigenarbeit beisteuerte. Gottlob nicht den Bauplan, sondern nur die Installationen, die Türen, Fenster, Vorhangstangen, Geländer, Treppen und eine elektronisch ausfahrbare Balkonmarkise.

Jetzt – da er reich ist – sieht sein Tagesablauf so aus, dass er morgens aufwacht, sich unter der Markise hervorkämpft, die in seinem Schlafzimmer lagert und sich stets beim Weckerklingeln ausfährt, dann die Fensterläden aufmacht, die er später im Garten einsammelt, mit einem gut eingeübten Einmetersatz die Treppe nach unten erreicht, in den Keller zum Duschen geht, da der Wasserdruck aufgrund einiger kunstvoller Schnörkel in der Leitung nur im Untergeschoß ausreichend ist, dann die Vorhangstange im Wohnzimmer abnimmt, um das Fenster zum Lüften zu öffnen, gemütlich frühstückt, während er die Zeitung zusammensetzt, die nach dem Einwurf in den Briefkasten gewöhnlich leicht geschreddert wirkt, im Keller die Zähne putzt, sich fertigmacht, daraufhin durch den Spalt neben und an der Haustür vorbei das Haus verlässt, mit einem sportlichen Satz über das Vortreppen-Geländer, welches quer zur Treppe verläuft, das Gartentor erreicht, über welches er ebenfalls springt, da die Klinke am Boden streift und es sich daher nicht öffnen lässt. Nach diesem durchaus geordneten Tagesbeginn fährt er im dicken Auto, an dem er einige Veränderungen plant (*nur* plant) in seine Firma und erteilt neuerdings seinem Schlosser-Angestellten Anweisungen, was er zu schlossern hat, denn das Messen, das behält er sich selbst vor, wie es sein Vater einst gemacht hatte. So ist die Tradition.

Schwaben III

Dass Arbeiten, zu schwäbisch Schaffen, mit zum Wichtigsten im Leben eines Schwaben gehöre, ist eine Klischeevorstellung. Es ist *allein* das Wichtigste. Was im einzelnen gearbeitet wird, ist dabei zweitrangig. Und da Menschen, die aus irgendwelchen äußeren Umständen heraus nicht Schaffen können, das größte Mitleid erregen, viel mehr noch als Menschen, die aus irgendwelchen äußeren Umständen heraus zu wenig zu essen haben oder gar unter irgendwelchen Schlamm-Massen vergraben liegen, hat sich in Schwaben, und leider bald darauf in ganz Deutschland, ein etwas anderes Wertesystem etabliert.

Das Arbeitsplatzargument

Italiener streiten sich gerne. Türken auch. Franzosen auch, die machen gleich Streik und Revolution. Auch Amerikaner. Die erschießen sich. Das deutsche Volk streitet nicht gern. Es hält sich lieber an Regeln. Zur Vereinfachung hat sich in den letzten Jahren eine einzige Regel herausgebildet, die alle Streitigkeiten regelt. Sie lautet: Wer einen oder mehrere Arbeitsplätze schafft oder erhält, bekommt Recht.

Ich kann mich nur schwer daran gewöhnen. Jetzt war doch erst das schwere Lawinenunglück in den Alpen, das Dutzende Skifahrer ins Unglück riss. Auf der ganzen Welt diskutierte man darüber, ob man die Natur nicht etwas zu sehr herausgefordert habe. In Deutschland dagegen war man sich schnell einig: Nein, nein, alles hatte seine Richtigkeit. Schließlich schafft der Skitourismus doch unzählige Arbeitsplätze!

Neulich passierte es mir, dass mich ein dicker Mercedes streifte, als ich mit meinem Fahrrad in der Stadt unterwegs war. Ich lag eine Woche im Krankenhaus, mein Fahrrad gar zwei Monate, ehe man jede Hoffnung auf Genesung aufgab, der Mercedes hingegen nieste kurz und verklagte mich vor Gericht. Ich war irritiert, da ich glaubte, angefahren worden zu sein, spekulierte in meiner Naivität sogar auf etwas Schmerzensgeld und ein neues Fahrrad, doch vor Gericht war die Angelegenheit eindeutig. Der Mercedes führte aus, dass durch sein Verhalten fünf Arbeitsplätze gesichert und einer neu geschaffen wurden: Zwei Arbeitsplätze in der Fahrradindustrie wurden erhalten, weitere drei im Gesundheitswesen, und einer neu geschaffen, weil der Mercedes eine Teilzeitkraft benötigte, um seinen Frontspoiler neu zu polieren.

Die Verteidigung hatte nichts Entlastendes vorzuweisen – die Theorie, ich hätte mich freiwillig vor den Mercedes geworfen, war nicht haltbar. So wurde ich dazu verurteilt, mir umgehend ein neues Fahrrad bei einem deutschen Hersteller zu kaufen. Der Mercedes verließ den Saal im sicheren Glauben, einmal mehr den Wirtschaftsstandort gerettet zu haben, im speziellen seine Villa, seine Aktien, seine Pension.

Ähnliches widerfuhr mir in den folgenden Wochen mehrere Male. Einer zerstörte mein Gartentor. Ich musste zahlen. Einer trat mir gegen das Schienbein. Ich musste mich behandeln lassen, ob ich wollte oder nicht. Einer verklagte mich einfach so. Ich würde zu wenig Geld ausgeben und damit der Wirtschaft schaden. Ich wurde zu einer Mikrowelle und einer Nacht im Maritim verurteilt.

Daraus habe ich gelernt. Von meinem restlichen verbliebenen Geld leistete ich mir verschiedene Haushaltshilfen: eine Köchin, einen Putzmann, eine Wäscherin, einen Handwerker, einen Gartentoröffner, eine Handtuch-halterin undsofort, 27 an der Zahl. Ich habe sie für ein Jahr bezahlt, danach würde ich bei normalem Verlauf der Geschichte in der Gosse landen. Aber mir kann nichts passieren. Denn damit würden ja die Arbeitsplätze zer-stört.

Jetzt lebe ich mein Leben gelassen und so luxuriös, wie ich es nie zu träumen gewagt hätte. Ich habe keinen Pfennig in der Tasche, aber wenn mir die Bank keinen Kredit geben will, verklage ich sie auf Arbeitsplatz-zerstörung. Wenn mir jemand ans Fahrrad fährt und sechs Arbeitsplätze in die gerichtliche Diskussion einwirft, kontere ich mit 27 gefährdeten für den Fall, dass ich nicht Recht bekomme. Also bekomme ich Recht.

Ich habe mein Leben gemeistert. Es ist ganz einfach. Kein Streit, keine Revolution, klare Regeln, viel Luxus. Bin ich froh, dass ich in Deutschland lebe.

Kurzkapitel: Falls es mit dem eigenen Arbeitsplatz und der darauf gründenden Lebensplanung nicht klappen sollte...

Falls es mit dem eigenen Arbeitsplatz und der darauf gründenden Lebens-planung nicht klappen sollte, dann gibt es noch eine andere Möglichkeit.

Lebensversicherung

Weil man sich in dieser Welt gegen alles Erdenkliche versichern kann, kann man sich auch gegen das Leben selbst versichern. Das heißt dann Lebensversicherung und versichert einen davor, am Leben zu bleiben. Da aber, entgegen der allgemeinen Ansicht des Werbefernsehens, Versicherun-gen nicht schützen, sondern nur im Nachhinein den Schaden ausbügeln (sollten), kommt es vor, dass man unglücklicherweise trotz Lebensversi-cherung am Leben bleibt. Dann bekommt man als Schadensersatz nach zehn oder zwanzig oder hundert Jahren wenigstens wieder einen Bruchteil von dem zurück, was man zuvor an diese Versicherung abgestottert hat.

Klingt verlockend. Grund genug auf jeden Fall für mich, auch eine derar-tige Versicherung abzuschließen. Und so sitze ich schon bald einem netten Herrn im adretten Anzug bei einer Tasse Kaffee gegenüber und beantworte ihm intime Fragen. Schließlich will die Versicherung ja auch sicher sein, dass der Fall, den sie einem eigentlich verspricht, nämlich das baldige Ableben, doch nicht so schnell eintritt, da ja sonst die Beitragszahlungen abrupt auf ein Minimum zurückgehen würden.

Ich erzähle also alles über meine gebrochenen Beine, von meinen gelegentlichen Migräneanfällen, von meiner Tollpatschigkeit. Doch das ist erst der Anfang.

»Ist es schon vorgekommen, dass Sie bei einem Spaziergang tot umgefallen und nicht mehr zum Leben erwacht sind?«

»Moment. Da muss ich meine Mutter fragen.«

Ich frage.

»Nein.«

»Sehr gut. Sonst wären die Beiträge wohl etwas höher ausgefallen. Dann nur noch eine letzte Frage: Sind Sie schon einmal untersucht oder beraten worden?«

Untersucht? Beraten? Was für eine doofe Frage. Berufsberatung, Studienberatung, Frisurberatung. Wollen die das alles wissen?

»Untersucht bin ich mal worden, bei der Musterung.«

»Oh. Dann müssen wir leider noch ein paar mehr Fragen durchgehen.«

Er entschuldigt sich kurz, geht zu seinem Auto und kommt mit fünf dicken Aktenordnern zurück. Nächste Frage.

»Wegen welcher Beschwerde wurden Sie untersucht oder beraten?«

»Äh, ich war männlich, 18 Jahre.«

»Und wurden Sie geheilt?«

»Teils teils.«

»Genauer bitte.«

»Ich bin immer noch männlich, aber inzwischen älter.«

Er notiert.

»Heilung nicht gänzlich erfolgt«, sagt er dabei leise.

»Gut, dann müssen wir auch noch die Fragen 33 bis 2 345 621 b) beantworten. 2 345 621 c) und d) können wir wahrscheinlich weglassen. So eng darf man das ja alles nicht sehen. Man muss sich ja auch vertrauen können.«

Sentimentale Pause.

»Also weiter: Seit wann leiden sie an der Beschwerde?«

»Männlich war ich wohl von Geburt an. 18 wurde ich dann urplötzlich an meinem Geburtstag anno 1995. Aber davon wurde ich ja, wie Sie sagen, geheilt.«

»Wie hoch hat der Arzt ihre Heilungschancen eingeschätzt?«

»Gering.«

»Das heißt, Ihre Beschwerde ist nicht heilbar?«

»Nein. Männlich sein endet in der Regel tödlich. Der Arzt sagte, so ab 70 müsse man damit rechnen.«

»Ach du meine Güte. Das tut mir aber leid. Nun ist es natürlich so, dass unsere Versicherurng sich eines jeden Kunden annimmt. Bei Ihnen könnte es allerdings sein, dass aufgrund Ihrer, verzeihen Sie meine Direktheit, tödlichen Krankheit die monatlichen Beiträge um ungefähr, ich überschlage das kurz, 750 Prozent steigen.«

»Nun, in diesem Fall möchte ich gerne von der Versicherung zurücktreten.«

Daraufhin beginnt der Versicherungsvertreter schlagartig zu heulen, schluchzt etwas von Provision und sieben Kindern und einer Versicherung, die er bei seinem eigenen Haus abgeschlossen habe und die ihn bis über beide Ohren in die Schulden getrieben habe. Ich kann nicht anders, als weich zu werden. Wenn man an einer tödlichen Krankheit leidet, kommt es auf so was ja auch nicht an.

Wir einigen uns auf 700 Prozent, unter der Bedingung, dass wir die Fragen 35 bis 2 345 621 weglassen. Mein Gegenüber strahlt, ich unterschreibe und freue mich seit diesem Tag auf den Bruchteil meiner Beiträge, den ich bekomme, so hat man mir erklärt, wenn ich zehn Jahre nach meinem Tod einen entsprechenden Antrag stelle. So wolle man sicher gehen, dass sich keine Versicherungsbetrüger an unser aller Kapital ran machen. Verstehe ich auch irgendwo.

Ruhrpott I

Reisen bildet. Es bildet Verkehrsstaus, Wirtschaftswachstum, Betonburgen und manchmal sogar weiter. Wie muss das erst sein, wenn man sein Zuhause ganz aufgibt, und in der Fremde nicht nur mit Taxifahrern und Rezeptionsdamen (und angetrunken Landsmännern) in Kontakt tritt, sondern auch mit ganz einfachen Menschen wie Universitätsprofessoren, Hausmeistern, Studenten...

Ich habe den Sprung gewagt. Das Land, in das ich aufbrach, liegt hinter sieben Bergen, hat die höchste Einwohnerdichte in Europa, im Fußball zahlreiche Spitzenmannschaften (seit ich da bin, zunehmend weniger) und eine Sprache, die man in keiner Baden-Württembergischen Schule erlernen kann. Es heißt Nordrhein-Westfalen – mich allerdings hat es in die kleine Provinz Ruhrpott verschlagen.

Sprachliche Voraussetzungen

Damit auch die schwäbischen Leser weiterhin folgen können, gebe ich zunächst einmal eine Einführung in die ruhrpöttische Sprache. Das ist sehr wichtig, da sicherlich keine nicht-schwäbischen Leser bis zu diesem Punkt hier gelangt sind. Und irgendjemand sollte ja schon weiterlesen.

Die ruhrpöttische Sprache ist sehr deutlich. So werden beispielsweise »t« und »s« so gesprochen, wie man es im Süden in einem Chor zunächst erlernen muss. Auch das »r«, sofern am Wortanfang, und das »b« sind gewöhnlich sehr sauber gesprochen, wie auch das »c«, »d«, »f«, »h«, »j«, »k«, »l«, »m«, »n« und einige weitere Buchstaben. Das »ch« wird gerne außerordentlich betont. Allerings nur im Westen der Provinz. Manchmal übertreiben die Ruhrpötter es allerdings mit der Deutlichkeit, nämlich wenn es um Vokale, also Selbstlaute geht. Diese ziehen sie gerne in die Länge, verziehen sie in Richtung des »a« – und was noch schlimmer ist: Sie sprechen sie aus! Es gibt kein »essn«, »trinkn« und »schlafn« mehr, um nicht zu sagen: Essa, tringa un' schlofa.

Vor lauter Vokalverliebtheit haben sie das »r« dann auch gleich in die Reihe der Vokale aufgenommen, und noch mehr: Sie haben sogar einen Doppelvokal daraus gemacht, der sich nach »ea« anhört. Dadurch entstehen ganz neue Eigennamen. Aus Ernst wird Eeanst, aus Horst wird Hoast und wenn es darum geht, Schwaben nachzumachen, wird aus Horst Hoaschd statt Horschd. So sind sie, die Ruhrpötter.

Schlampig werden sie nur, wenn es um das »g« geht. Da sagen sie schlicht »ch« – Bahnsteich, Tach, Hühnerchechacker.

Die Wortwahl hingegen ist langweilig. Um ihre Befindlichkeit auszudrücken, haben die Pötter nur zwei Möglichkeiten: scheiße oder superscheiße. Und um einfachste Sachverhalte darzustellen, benötigen die Menschen hier in der Folge viel zu viele Worte. Sagt zum Beispiel ein Schwabe in einem

Wort: »Gibsch-mol-bidde-dr-Buddr-rübr«, so benötigt der Pötter schon neun: »Würdest Du mir mal eben bitte die Butter rüberreichen?«

Wenn ein Schwabe – genauer: ein Schwabe, der stolz ist auf seine Sprache – etwa nach Köln kommt (nur mal angenommen...), welches am südlichen Rand des Ruhrgebiets liegt (nicht schlagen, war ein Witz!), kann er dort jede peinliche Unterhaltungspause beim Frühstück mit einem einzigen Wort wegwischen: »'S-Xälz-isch-heit-abbr-läpprig!« Und schon biegen sich die Frühstückenden vor Lachen. Man verabschiedet sich mittlerweile schon in weiten Teilen Kölns mit »Adele«.

Um all diese oben beschriebenen Schwierigkeiten und Deutlichkeiten in einer Sprache unterzubringen, ist eine gigantische Geschwindigkeit von Nöten. Nach dem ersten Tag trug ich – beim Versuch, mit dem Tempo mitzuhalten – einen schmerzhaften Muskelkater in der Wange davon. Ja, auch dort gibt es Muskeln.

Doch wie überall gilt auch hier: Übung macht den Meister. Ich für meine Person übe an 24 Stunden des Tages. Und manchmal klappt es auch schon ganz gut. Als ich kürzlich am Bahnhof eine Karte lösen wollte, konzentrierte ich mich schon lange vorher auf meinen Satz: »Ich hätte geane eine Faakaate nach Köln« undsoweiter, doch als ich schließlich an der Reihe war, kostete das »Ich hätte geane« schon so viel Kraft, dass ich den ganzen restlichen Satz nicht mehr wusste. Vielleicht schaffe ich es nächstes Mal schon bis: »Ich hätte geane eine«. Man darf nie zu früh aufgeben.

Die Aufnahmeprüfung

Ich bin nicht ganz freiwillig in den Ruhrpott gegangen, sondern nur um zu studieren. Ob der Besonderheit meines Studiengangs blieb mir keine große Wahl. Die Wahl, die ich hatte, führte mich weder nach Kaiserslautern (zu klein) noch nach Berlin (zu groß), sondern nach Dortmund. Was ich nicht wissen konnte (neben der Leistungsexplosion des FCK und dem Abfallen des BVB), war die Tatsache, dass die Uni Dortmund (Offiziell: Uni DO) ihre Studierenden nicht nach dem Abitur, sondern anhand einer Aufnahmeprüfung der ganz besonderen Art aussucht. Diese Aufnahmeprüfung heißt Einschreibung.

Es war Juli, als ich mich auf Dortmund bewarb und noch an die Bedeutung meines Abiturs glaubte. Zu irgendwas musste es ja gut sein. Da ich von anderen aber schon gehört hatte, dass man beim Einschreiben auf mancherlei Hürden gefasst sein muss, blieb ich den ganzen August hindurch zu Hause, um ja nichts zu verpassen. Ich ließ meine Einkäufe durch meine Mutter erledigen, fing den Briefträger bereits zwei Straßen früher ab und hatte meine Koffer (deren Inhalt ich drei Mal täglich überprüfte) schon abfahrtbereit ins Treppenhaus gestellt, um bei Bedarf sofort nach Dortmund reisen zu können.

Doch ich hatte meine Rechnung ohne die Post gemacht. So erhielt ich einen Tag zu spät, nämlich am 28. August 1997, folgenden Brief:

»Sehr geehrter Herr Reuß,

ich freue mich, Ihnen mitteilen zu dürfen, dass wir einen Studienplatz im Studiengang Raumplanung für Sie bereit halten können. Um den Studienplatz anzunehmen, müssen Sie am 27.8.1997 zwischen 8.00 Uhr und 8.15 Uhr mit unten genannten Unterlagen persönlich im Studentensekretariat vorsprechen. Dies ist eine sogenannte Ausschlussfrist, das heißt das Nichteinhalten dieser Frist führt unmittelbar zum Verlust des Studienplatzes. (...)

gez. Grünkeks«

Ein Adrenalinstoß ohnegleichen durchfuhr meinen ausgezehrten Körper (die Nervosität...), als ich das Schreiben überflog. Dennoch geistesgegenwärtig, stürzte ich ans Telefon und wählte die Nummer des Studentensekretariats, zunächst die der Zentrale, welche mir die Nummer für die Buchstaben Po- bis Sc- gab, von wo aus ich direkt an den Sachbearbeiter Grünkeks weitergeleitet wurde.

»Der Studienplatz ist weg«, knirschte Grünkeks, und die Worte hallten schaudernd in meinem inneren Ohr wider. Keine Erklärung, kein Wimmern half. Nun hoffte ich, vielleicht doch mein Abi in die Waagschale werfen zu können. Ich sagte Grünkeks mit fester Stimme meine Endnote.

»Wenn das so ist«, druckste der Sachbearbeiter, »dann können Sie vielleicht in einer Stunde kurz vorbeikommen, dann regeln wir das unbürokratisch.«

Ich sagte ihm, dass ich von Blaubeuren aus anriefe. Damit war die Sache gegessen.

Was danach geschah, weiß ich nicht mehr, da ich in der Ecke saß und tränenüberströmt auf dem Ohr meines Lieblingsteddies rumkaute, doch irgendwie muss es wohl mein Vater geschafft haben (Bestechung? Rechtsanwalt? Psychologie?), noch ein paar Stunden mehr für mich herauszuschlagen – um 18.00 Uhr spätestens sollte ich im Sekretariat sein. Aktuelle Ortszeit: 9.00 Uhr.

Als weiteres Hindernis stellte sich eine der erforderlichen Unterlagen heraus: Ich erfuhr, dass ich eine Bescheinigung der AOK über eine Befreiung von der Pflichtversicherung benötigte. Um 10.15 Uhr verstand ich, was das sein sollte. Um 10.30 Uhr raste ich zur örtlichen AOK. Eine Angestellte bearbeitete das Formular und sagte dann: »Die Bescheinigung wird Ihnen zugestellt.«

»Ähm – also – Ich brauch' sie sofort.«

»Das geht leider nicht. Die wird inzwischen nur noch über EDV ausgestellt, und der Drucker steht in Ulm. Aber warten Sie, vielleicht hab' ich noch alte Formulare, die von Hand ausgefüllt werden können.«

Hatte sie nicht, dafür die im benachbarten Laichingen. Ich nahm das Auto, fetzte hin und mit der Bescheinigung wieder zurück, saß um 11.30 Uhr im Zug nach Ulm (den fertiggepackten Koffern sei Dank!) und kam um 17.10 Uhr in Dortmund an. Dort haderte ich noch eine Weile mit den S-Bahn-Verbindungen, dann mit den Automaten, schließlich hatte ich gewisse Mühen, darauf zu kommen, das Sekretariat im Gebäude Chemietechnik III zu suchen, stand aber dennoch um 17.52 Uhr vor den Verwaltungsräumen und war konsterniert.

Es bot sich mir folgendes Bild: Schlangen von Menschen vor jeder Buchstabenreihe. Besonders in der Reihe »Po- bis Sc-« fanden sich einige angehende Studis mit Schlafsäcken und Hockerkochern. Noch acht Minuten.

Mit dem Rücken zur Wand heiligt der Zweck besonders häufig die Mittel. Ich ergriff meinen Strohalm an letzter Hoffnung und zwängte mich mit der gleichlautenden Floskel »Mein Name ist Grünkeks, Sachbearbeiter, bitte machen Sie doch den Weg frei!« durch die Menschenmasse, kümmerte mich auch nicht um das rote »Nicht Eintreten!«-Schild und fand mich um 17.59 in einer Bahnhofshalle wieder, die sich Studentensekretariat nannte. Nach einer Standpauke durch einen der Sachbearbeiter erbarmte sich eine Angestellte meiner und bediente mich, während die anderen Feierabend machten. Sie warf einen kurzen Blick auf das AOK-Formular – das Abizeugnis wollte sie gar nicht sehen –, dann drückte sie mir die Einschreibung in die Hände. Ich hatte bestanden.

Wohnheimgemeinschaft

Die Uni Dortmund hat das modernste Computer-System aller europäischen Unis, sagt man. Das muss auch so sein. Sonst könnte die Uni nicht mehr mit ihren Studenten reden.

Bevor ich hier einzog, hatte ich mir das Wohheimleben ungemein kommunikativ vorgestellt: harmonisch beim gemeinsamen Frühstück sitzen, gemeinsam Einkäufe erledigen, in Gruppen Mittagessen kochen, zusammen die Abende verbringen, nie ins Bett gehen und morgens fit aufstehen.

Als ich aber am Mittag des 9. Oktobers das Wohnheim zum ersten Mal betrat, blickte ich einen kargen Gang mit anonymen Türen. Es herrschte eisiges Schweigen – und keine Menschenseele war zu erahnen. Ich richtete mein Zimmer ein und sagte danach meinen Stockgenossen Hallo. Das heißt, ich versuchte es.

Ich klopfte an die Türen, doch nichts tat sich. Nach langer, langer Zeit und heftigem Dagegenpoltern öffnete einer, schaute mir verstohlen ins Gesicht und sagte nur:»Bist du schon im Netz?«

Ich wusste nicht, was er damit meinte. Jedoch wiederholte sich diese Szene jedesmal, wenn ich zufällig einen Mitbewohner auf dem Gang sah: langes Schweigen, verstohlener Blick. Dann:»Bist du schon im Netz?«

Irgendwann durchschaute ich, dass es sich um ein Computernetz innerhalb des Wohnheims handelte und ließ mir einen Anschluss legen. Endlich konnte ich mich mit den anderen unterhalten.

In diesem Netz herrschte Fröhlichkeit und Emotion, wie ich sie niemals für möglich gehalten hätte angesichts der bleichen Niemande, die mir auf dem Flur dann und wann über den Weg gelaufen waren.

Über eingetippte warmherzige Begrüßungen nahmen mich die User (Fachbegriff für Netzler) auf:

```
Cooles Icon!
aoe?
doko 2100
c u 18er
```

Undsoweiter. Leider konnte ich anfangs ihre Sprache nicht sprechen. Was mich aber darüber hinweg tröstete, war die Tatsache, dass mir meine Nachbarn nun sogar ab und zu ein Lächeln schenkten:

```
:-)
```

Ich war hingerissen von dieser modernen Methode der Kommunikation.

Schon bald beherrschte ich nicht nur einfache Floskeln, sondern konnte auch Betonungen machen oder ironisch sein:

I!

Auch für mein schwäbisches »Hä?« gewöhnte ich mir das ruhrpöttisch-postmoderne Pendant an:

?

Schon bald brauchte ich gar nicht mehr aus meinem Zimmer gehen und war froh, die Halbleichen nicht mehr sehen zu müssen – Studieren ging via Internet, meine SimCity-Städte stellten Dortmund weit in den Schatten und die Fifa98-Fußballer kickten auch besser als meiner einer. Warum also noch aus dem Haus gehen?

Auch die Gemeinschaft, die ich suchte, fand ich nun – ich konnte via Netz gegen andere Fußballer antreten, und abends wurde – wie ich es mir gewünscht hatte – gemeinschaftlich Pizza bestellt (ohne dass ich freilich einen anderen Bewohner je zu Gesicht bekommen hätte).

Dieser Zustand des Glücks hätte ewig Bestand haben können. Wir waren – jeder für sich – rundum zufrieden und vergaßen dabei ganz, dass die anderen in Wirklichkeit gar nicht so aussahen wie ihre Icons (für Laien: das sind Symbole im Rechner (für ältere Laien: ein Rechner ist eine Weiterentwicklung der Rechenmaschine (für Mathematiker: eine Rechenmaschine ist das, was man braucht, um über eins hinaus zu rechnen))).

Dieser paradiesische Zustand hielt vier Tage. Dann ging dem ersten das Bier aus. Da es in Dortmund trotz enormer Absatzchancen keinen Bierservice gibt und auch die größten Cracks es noch nicht geschafft haben, Bier in Datenkolonnen mit null und eins umzuwandeln, musste derjenige, dem der Lapsus passiert war, durchs Netz fragen:

Wer hat Bierse für mich?

Und dann musste er zu einem anderen ins Zimmer gehen, um diese Bier(s)e zu bekommen, und da stellte er fest, dass er mit der Frage »Bist Du schon im Netz?« nur unzureichend seinen Dank deutlich machen konnte. Und so kam es, dass er sich auf die Sprachform zurück besann, die er als Kind gelernt hatte, und leise »Danke!« sagte. Das machte so viel Spaß, dass er gleich bei dem anderen im Zimmer blieb und mit ihm gemeinsam Bier(s)e trank. Den ganzen Abend übten sie merkwürdige Laute, und schon stellte sich der erste Erfolg ein, man konnte sagen: »SSaufffffennnn!«

Dieses Beispiel machte Schule, da auch den anderen nach und nach ihr Biervorrat zusammenschrumpfte, und so mussten sie immer häufiger Mitbewohner aufsuchen, die noch Bier hatten, und irgendwann kam sogar der revolutionäre Schritt, dass eine Gruppe sich zusammen schloss und nach Tagen der Isolation aufbrach, um die Umwelt neu zu erkunden – nach einem Supermarkt mit billigem Pils.

Das ist die Geschichte über die Verhältnisse, die ich vorfand, als ich im Wohnheim einzog. Und ich könnte wetten: Wäre ich nur wenige Wochen später eingezogen, ich hätte das Geschehen für normal erachtet.

Radiogebühren

Erst anmelden, dann einschalten. So lautet schon seit Jahren der nervtötende Werbespruch einer gewissen GEZ, die für die Unverschämtheit, dass ich mich in aller Herrgottsfrühe – um 8.00 Uhr – von den Nachrichten auf WDR2 aus dem Schlaf reißen lassen muss, auch noch Geld will. Was ›einschalten‹ ist, weiß wohl jeder. Was aber ist ›anmelden‹? Das hat meines Wissens noch niemand gemacht. Ist auch kein Wunder. Ich war der erste, der es versucht hat.

Ich selbst habe natürlich keine Gewissensbisse bei der Vorstellung, dass mein CD-Player auch eine Radio-Funktion hat und mein Wecker spricht und Musik macht, anstatt zu klingeln. Aber – so hat man mir erzählt – es soll da ganz heiße Hunde geben, die sich GEZ-Mitarbeiter nennen und unvermittelt in deiner Wohnung stehen, um dir zu erklären, dass du zwei Radiogeräte besitzt, die nicht angemeldet sind, was sie eigentlich sein sollten, und dass das folglich nicht rechtens sei und du quasi schon mit einem Bein im Gefängnis seist und mit dem anderen abgeschoben nach Thailand wegen einer Urgroßmutter mütterlicherseits.

Weil ich ein ängstlicher, kleinbürgerlicher Student bin und Angst vor Hunden, besonders vor heißen, habe, habe ich mich entschlossen, meinen CD-Spieler und meinen Wecker anzumelden. Das war ein Fehler. Denn es führte zu einer dieser typischen Geschichten über die Hetzerei von Büro zu Büro, die eher langweilig als satirisch-komisch sind, doch das Satire-Schreiben ist oft der einzige Weg, diese anödenden Nachmittage zu verarbeiten. Deshalb müssen wir auch hier durch.

Ich hatte mich also im festen Glauben auf mein Fahrrad geschwungen, in einer Großstadt mit 600 000 Einwohnern zu leben, in der täglich etwa 500 Menschen ein Rundfunkgerät anmelden und in der kundenfreundliche Ladenöffnungszeiten sowie eine ausgezeichnete Infrastruktur vorherrschen. Letztere Vorstellung hatte ich bereits ad acta gelegt. Ich musste mich mit meinem Fahrrad drei Kilometer durch die Einöde kämpfen, um an die nächste Ansammlung von Gebäuden vom Nutzungstyp Einzelhandel (Raumplanerausdruck) zu gelangen.

Dies gestaltete sich schon in der Weise als nervlich anstrengend, als Dortmund über ein sehr unzureichendes System an Radwegen verfügt, die gerne überraschend durch Laternenpfähle oder parkende Autos unterbrochen werden, die dafür aber über eine durchaus beträchtliche Zahl an schweißtreibenden Hügeln führen und einem die Fahrt überdies mit dem Anblick und Geruch idyllischer, oberirdischer Kanalisationssysteme versüßen.

Ich wusste zu diesem Zeitpunkt noch nicht genau, *wo* ich mein Geld loswerden wollte, hatte aber im Hinterkopf, dass Post und Rundfunk zumindest vor den Zeiten der Telekom AGs, Deutschen Bahn AGs und dergleichen mal etwas miteinander zu tun gehabt hatten. Daher war die Deutsche Post AG-Filiale Dortmund-Hombruch meine erste Anlaufstation. Ich stellte mein Fahrrad ab, schloss es an, betrat schweißtriefend den Schalterraum, erfuhr, dass es die Formulare inzwischen bei den Banken gibt, dass das aber kein Problem sei, da es in der Fußgängerzone von Banken wimmle, und so verließ ich die Filiale kurz nach 16 Uhr wieder schweißtriefend, aber zuversichtlich.

Danach schloss ich mein Fahrrad auf, fuhr schweißtriefend zur Deutschen Bank, stellte mein Fahrrad ab, schloss es an, stellte fest, dass die Deutsche Bank nachmittags nur bis 16 Uhr geöffnet hat, schloss mein Fahrrad auf, fuhr schweißtriefend zur Volksbank, stellte mein Fahrrad ab, schloss es an, stellte fest, dass die Volksbank nachmittags nur bis 16 Uhr geöffnet hat (langweilig, oder?), schloss mein Fahrrad auf, fuhr schweißtriefend zur Dresdner Bank, stellte mein Fahrrad ab, schloss es an, stellte fest, dass die Dresdner Bank nachmittags nur bis 15.30 Uhr geöffnet hat (ziemlich langweilig, oder?), schloss mein Fahrrad auf, fuhr schweißtriefend zur Citibank, stellte mein Fahrrad ab, schloss es an, stellte fest, dass die Citibank zwar geöffnet, hingegen leider nur noch Antragsformulare zur Abmeldung von Rundfunkgeräten hatte (überhaupt nicht witzig, oder?), schloss mein Fahrrad auf, fuhr schweißtriefend zur Sparkasse, stellte mein Fahrrad ab, schloss es an, und sollte doch noch glücklich werden. Schweißtriefend brachte ich am Schalter mein Anliegen vor. Der Angestellte, der mich bediente, verschwand zu seinem Chef, beriet sich, gestikulierte herum, beriet sich weiter und kam mit der zeit zu dem Schluss, dass die Formulare auf der Schaltertheke liegen mussten – und man wird's nicht glauben wollen: Da waren sie dann auch!

Was mich etwas betrübte: Damit war mein Radio noch nicht angemeldet, sondern ich hielt lediglich einen Wisch in der Hand, dessen Handhabe ich noch zu entschlüsseln hatte und dann der GEZ nach Köln senden musste.

Ich schwitzte also mit dem Rad nach Hause und machte mich über das Formular her. Witzig wäre gewesen, wenn meine Schweißtropfen alles verwischt hätten und ich mir ein neues Formular besorgen hätte müssen. Doch leider füllte ich schlichtweg die falsche Spalte für »Gewerbliche Nutzung« aus, was wieder zu beheben war und einiges weniger witzig ist. Dann schickte ich das Papier nach Köln.

Jetzt sitze ich und warte, wie viel mir diese mysteriöse GEZ für meine CD-Anlage berechnen will. Ob ich als erster Kunde ein Geschenk erhalte? Mittlerweile habe ich von meinem Nachbarn erfahren, dass ich Chancen auf eine Befreiung von den Rundfunkgebühren habe, wenn ich es auf dem Sozialamt beantrage. Ich will gar nicht daran denken, was da auf mich zukommt.

Die soziale Beamtin

Beamte sind ausgeglichen, ordnungsbewusst, pflichtbewusst, verantwortungsbewusst, verwaltungsbewusst, aktenbewusst, faktenbewusst und feierabendbewusst.

Um mein Radio für ein paar Mark weniger im Monat nicht einzuschalten, musste ich selbiges auf dem Sozialamt beantragen. Dieses befindet sich – das sei nur zu Beginn einmal zur besseren Ausmalung erwähnt – wie Post und Banken zehn anstrengende Fahrrad- oder zwanzig regnerische Auf-den-Bus-warte-Minuten von mir entfernt.

Als ich das erste Mal dort war, sah ich, dass es nur einmal die Woche von 5.00 Uhr bis 6.00 Uhr geöffnet hatte.

Als ich das zweite Mal dort war, hatten sie die Öffnungszeit geändert.

Als ich das dritte Mal dort war, war die Schlange zu lang.

Als ich das vierte Mal dort war, war die Schlange zu lang und sie hatten die Öffnungszeit geändert.

Als ich das fünfte Mal – an einem zufällig ausgewürfelten Zeitpunkt – wieder dort war, hatten sie versehentlich gerade ihre Öffnungszeit auf eben diesen Termin gelegt, und ich konnte als einziger Kunde unbehelligt in Zimmer 22 eintreten.

Die Beamtin hatte aber nicht deshalb die Öffnungszeit geändert, um Kundschaft zu erhalten, und beschloss, einen gnadenlosen Kampf gegen mich zu eröffnen.

»Ich möchte einen Antrag zur Rundfunkgebührenbefreiung.«

»Wie heißen Sie bitte?«

»Reuß mit scharf s.«

»Dann müssen sie in Zimmer 23.«

Ich verließ das Zimmer, ging eine Tür weiter, trat ein und fand mich in genau demselben Raum wieder. Die Beamtin stand auf, kam zu mir herüber, und schaute mich fragend an.

»Ich möchte einen Antrag zur Rundfunkgebührenbefreiung.«

»Wie heißen sie bitte?«

»Reuß mit scharfem s.«

»Für einen Antrag auf Rundfunkgebührenbefreiung brauchen sie eine Bescheinigung, dass sie Rundfunkgebühren bezahlen.«

»Wo bekomme ich die?«

»In Zimmer 22.«

Ich ging an den anderen Tresen hinüber und wartete. Die Beamtin schnappte sich eine Zeitung, verzog sich in einen Korbsessel am Fenster und begann zu lesen. Ich pfiff unauffällig vor mich hin. Nichts rührte sich. Ich machte die Tür von innen auf und wieder zu. Keine Reaktion.

Mir blieb keine andere Wahl. Ich verließ das Zimmer durch Tür Nummer 23, ging zu Tür Nummer 22, drückte die Klinke, drückte die Klinke kräftiger, drückte die Klinke noch kräftiger und fluchte. Abgeschlossen. Sie hatten die Öffnungszeit geändert.

Dann war wieder die Schlange zu lang. Dann die Öffnungszeit wieder anders. Dann wieder anders. Dann mein Fahrrad platt. Dann Weihnachten. Dann mein Examen. Dann hatte ich zum zweiten Mal Glück.

Ich ging in Zimmer 22 und sagte:»Ich möchte eine Bescheinigung über meine Rundfunkgebühren.«

»Wie heißen Sie?«

»Das tut nichts zur Sache.«

»Wie heißen Sie?«

»Reuß mit scharf s.«

»Dann müssen Sie in Zimmer 23.«

»Ich weiß. Dann wieder hierher. Den Weg kann ich mir doch –«. Als ich gerade »sparen« sagen wollte, drehte sich die Beamtin weg, um sich zu ihrer Zeitung zu begeben. Ich packte sie wütend am Kragen.

»Das Spiel ist nicht mehr lustig! Geben Sie mir Ihre Dienstnummer!« Ich konnte sie nicht im entferntesten aus der Ruhe bringen. Kalt lächelnd sagte sie im Telefon-Ansage-Stil: »Meine Dienstnummer ist 0231-V-320665.bm, wenn Sie sich beschweren wollen, können Sie das bei Nummer 0230-B-310147.bm tun, im Vertretungsfalle auch bei Nummer 0230-H-121145.bm oder Nummer 0230-J-130260.bm. Weitere Auskünfte erhalten Sie bei Nummer 0231-K-070781.bm, montags von 5.45 Uhr bis 6.00 Uhr und donnerstags von 12.00 Uhr bis 12.05 Uhr, wenn der Donnerstag auf einen allgemeinen kirchlichen, jedoch nicht staatlichen Feiertag fällt. Wenn Sie mich jetzt bitte loslassen würden. Ich habe Feierabend.«

Ich ließ die Beamtin fallen.

All die demokratischen Träume, die ich von meinem Staat gehabt hatte, waren mit einem Mal an dem Verwaltungsapparat zerschellt und in mir zusammengebrochen. Ich sah keine Chancen mehr. Doch dann reifte in mir ein gewaltiger Entschluss. Ich fühlte kommunistische Stärke in mir aufkeimen, spürte die Solidarität der Arbeiter- und Studentenklasse hinter mir, war ein Vorkämpfer der Unterdrückten, ein Vorreiter für die Freiheit der Völker, als ich diesen gewichtigen, diesen mutigen, diesen politischen und revolutionären Schritt vollzog: Ich meldete mein Radio ab.

Ruhrpott II

Es gibt eine Sache, die bringt die ganzen Menschen im Ruhrgebiet auf einen Nenner, ist Ausdruck des Lebensgefühls, der Weltanschauung, der boomenden Freizeitbranche, einfach Ausdruck für alles, was die Menschen hier bewegt. Es handelt sich hierbei um – stilistische Pause: Tauben züchten. Aber gleich dahinter kommt Fußball.

Großereignis Bundesliga

Der Ruhrpott ist eine Fußballregion. Und Dortmund ist eine Fußballstadt. Gewinnt der BVB, ziehen die Schrebergartenbesitzer die schwarz-gelben Fahnen auf, verliert er, so trägt die Stadt Trauer – doch wie auch immer das Spiel ausgeht, die Stadt steht Kopf. So ist es überall im Ruhrpott. Und dann gibt's da noch Duisburg.

Andi, einer meiner Fußball-Guck-Kumpels, und ich, wir waren dumm genug zu glauben, die Aussicht auf die Kunststückchen einiger ehemaliger Freiburger seien Grund genug, das Spiel zwischen Duis- und Hamburg als attraktiv zu betrachten. Wir verdrängten dabei völlig, dass Duisburg und Hamburg die damals mit Abstand langweiligsten Mannschaften der Liga waren.

Wo genau das Stadion in Duisburg lag, wussten Andi und ich nicht, als wir so gegen 17.45 Uhr in Dortmund in die S-Bahn stiegen. Wir dachten – was sich als fatal herausstellen sollte –, dass ein Stadion, in das Zigtausende von Menschen pilgern, kaum verfehlt werden kann.

Da man in einer derartigen Menschenmasse immer auch falschen Gestalten über den Weg laufen kann, versteckte Andi seinen Hamburg-Schal zur Sicherheit unter dem Kragen seiner Jacke, als wir in Duisburg Hauptbahnhof ausstiegen. Doch verwundert schauten wir uns um. Da es nur noch eine Stunde bis zum Anpfiff war, hätten wir mehr weiß-blaue (Duisburg) und blau-weiße (Hamburg) Schals vermutet als tatsächlich zu erkennen waren. Nämlich keine.

»Die sind aber alle schon früh im Stadion«, dachten wir und gingen zur U-Bahn, um nach einer Verbindung ins Wedau-Stadion zu suchen. Dabei nahmen wir an, dass es eine Haltestelle mit diesem Namen geben musste. Es gab keine. Es gab auch keine U-Bahn zum Stadion. Hilflos irrten wir umher und fragten Passanten, die entweder von Auswärts waren, keine Antwort geben wollten oder sehr häufig wegen einem zu hohen Alkoholspiegel keine Antwort geben konnten. Langsam stieg im Bauch ein bekanntes Kribbeln hoch, das besagte: Wir müssen um jeden Preis bei Anpfiff im Stadion sein, sonst fallen wir auf der Stelle tot um!

Angesichts der polaren Temperaturen und löchrigen Handschuhe war ich der Meinung, dass das nicht einmal die schlechteste Variante gewesen wäre. Wir beschlossen aber durchzuhalten und fanden auch bald (genauer: nach viertelstündigem, aufgewühltem Im-Kreis-rum-Gejage) in der dritten Kelleretage des Südflügels des Gepäckabfertigungsbaus einen Bustunnel, von dem aus eine Linie zum ›Sportpark Wedau‹ fuhr.

»Aha!«, dachten wir. »Das muss ein Buspendelverkehr zum Stadion sein.«

Nach 25 Minuten kam ein Bus. Drin saßen alte Frauen mit Einkaufstaschen und pöbelnde Kinder. Wir stiegen ein.

Der Bus knatterte los. Die Pflastersteine schlugen Löcher in den Magen, und an jeder Ampel verwandelte der vibrierende Motor den alten Wagen in einen Whirlpool ohne Wasser. Noch 10 Minuten bis zum Anpfiff.

Wir schauten uns nervös an. Die Haltestelle ›Sportpark Wedau‹ aber war noch weit. Jedes Licht, das wir durch die angelaufenden Scheiben sehen konnten, deuteten wir als Flutlicht des Stadions, mussten dann aber eingestehen, dass es Straßenlaternen oder entgegenkommende Autos waren.

Nach und nach stiegen alle anderen Fahrgäste aus. Dann, etwa zeitgleich mit dem Anpfiff, hielt der Bus am ›Sportpark Wedau‹. Wir sprangen hinaus und stürzten uns wahllos in eine Richtung in die Dunkelheit. Als der Bus abgefahren war, begannen wir zu denken.

Zu sehen war kein Stadion, kein Fußballspiel und kein Mensch. Überwucherte Sandplätze mit zerbrochenen Toren wechselten sich ab mit kaputten Autos und verrosteten Industrierohren.

Wir stellten uns vor, wie Cardoso die Hamburger bereits in Führung geschossen haben mochte, während wir versuchten, in der Dunkelheit festzustellen, wo Süden war.

Dann setzten wir uns ein neues Ziel: Wir wollten zur *zweiten* Halbzeit im Stadion sein. Die Wedau hatten wir inzwischen gefunden. So rasten wir los, dem (wohl eher ehemaligen) Gewässer entlang, immer weiter durchs nasse Gras und durch dornige Büsche. In Dinslaken drehten wir um. Nun rannten wir durchs nasse Gras und durch dornige Büsche in die andere Richtung. Es war bereits Halbzeit. In der 48. Spielminute zerriss ich meine Jacke an einem Stacheldraht, in der 59. Minute trafen wir auf ein Wohngebiet, in der 74. Minute trafen wir im selben Wohngebiet nach zahllosen Fehlversuchen auf einen Passanten, der mit dem Begriff ›MSV‹ etwas anfangen und uns den Weg zum Stadion schildern konnte.

So stürmten wir in der 81. Spielminute siegessicher aufs Marathontor zu. Das Flutlicht strahlte hell, doch der Lärmpegel hielt sich sehr in Grenzen. Wir weckten den Mann im Kassenhäuschen und drängten uns durch die Drehtür.

»Warte kurz!«, rief Andi. Er wollte nach der anstrengenden Hetzjagd noch kurz eine Stadionwurst mitnehmen. Die Leute in der Wurstbude blickten ihn gelangweilt an.

»Eine Wurst bitte!«

»Das dauert aber zwanzig Minuten. Wir müssen erst das Wasser heiß machen.«

Andi verzichtete auf die Wurst, wir spurteten die Treppen zur Tribüne nach oben, um wenigstens die letzten fünf Minuten der Partie mitzubekommen. Wie viele Tore mochten wir bereits verpasst haben? Wie viele Cardoso-Schüsse? Wie viele Zeyer-Dribblings? Wie viele Spies-Rückpässe? Wir starrten in ein leeres Rund und auf einen leeren Rasen. Schon vorbei? Hatten wir uns in der Zeit vertan? Über uns stürzte eine Welt zusammen. Minutenlang saßen wir auf den Stufen und konnten es nicht fassen, fühlten uns wie nach Freiburgs letztem Abstieg oder Münchens letzter Meisterschaft, konnten kaum denken und kein Wort reden.

Das Flutlicht ging aus und wir krochen nach draußen. Am Ausgang wurden wir auf einen kleinen Zettel mit krakeliger Schrift aufmerksam, der an den Zaun gepinnt war und des Rätsels Lösung barg: »Spiel fällt aus mangels Interesse.«

Fußball im Wohnzimmer

Wer in Duisburg war, denkt eigentlich, es geht nicht schlimmer. Also jetzt nicht von der Stadt her, da sowieso, sondern es geht nicht leerer, sozusagen, bei Fußballspielen. Ist nicht wahr? Doch, doch, ließ einfach das Kapitel davor nochmal!

Also, wir wollten diesmal nicht Not gegen Elend angucken wie damals, sondern zur Abwechslung Elend gegen Not, und kalt war es mindestens ebenso und Abend und dunkel war es auch, so gesehen gibt das ungefähr die selbe Geschichte. Wer es nicht nochmal hören will: Einfach überblättern!

Ich hatte den Stadionbesuch (falls aus der Einleitung nicht ersichtlich: darum geht es) akribisch geplant. Mit-Fan Andi wollte ich am Dortmunder Hauptbahnhof auf der S-Bahn-Treppe treffen, was an tumultähnlichen Zuständen auf derselben wegen einsetzender Glühweinmarktstimmung mit Über-den-größten-Weihnachtsbaum-der-Welt-der-aussieht-wie-ne-verbogene-Rakete-Lästern gescheitert wäre, hätte nicht Mit-Fan Andis Zug einen Aussetzer wegen Gleisschadens gehabt, was ihn nach Odyssee über nicht-fahrende Ersatzbusse und ungläubige ICE-Schaffner leicht zu spät kommen ließ.

Nicht sehr schlimm, da es uns noch auf einen Regionalexpress langte, der uns in Düsseldorf fünf Minuten zum Umsteigen versprach, was noch vor wenigen Monaten als ausreichend hätte angesehen werden können.

Aber – und auch wenn es nicht eigentlich Thema dieser Geschichte ist und die Abrechnung mit der Eisenbahn erst im hinteren Teil folgt , so muss ich es einfach dem Zusammenhang halber aufgreifen – der Zug verbummelte bis Düsseldorf zehn Minuten, so dass wir Mit-Fan Zumsel verpassten, womit dann auch Kartenübergabe und Treffen Nummer drei geplatzt war, da in Neuss Mit-Fan Gilli zusteigen wollte.

In dieser allgemeinen Dramatik ließ Mit-Fan Zumsel seinen Rucksack im Zug liegen, was in Wahrheit erst auf der Rückfahrt der Fall war, aber der literarischen Freiheit unterliegt und hier spannender wirkt.

Diese unendlich lange Einleitung sollte also schlichtweg darauf hinführen, dass Mit-Fan Andi und ich erst vier Minuten nach Spielbeginn mit einer endlos langsamen, aber immerhin pünktlichen (ich wiederhole: pünktlichen!) S-Bahn in Elend einfuhren, als der SC Not bereits 1:0 gegen Borussia Elend führte.

Mit-Fan Gilli und Mit-Fan Zumsel (auch das entspricht nicht der Wahrheit, aber wenn ich es genau erkläre, wird es einfach zu kompliziert) erwarteten uns am Bahnsteig mit echter freundschaftlicher Verbundenheit und Prügel (wieder gelogen).

»Gar kein Problem!«, sagte Mit-Fan Gilli, »da drüben sieht man schon die Flutlichter des Stadions. Mit Laufen sind wir in zwei Minuten dort!« (im Übrigen eine weitere literarische Vereinfachung; er mochte wohl in etwa gesagt haben: »guggadosieschosfluutlichtwemmorennadsemmogleido!«)

Also liefen wir los. So ganz genau wussten wir allerdings nicht, ob besser links oder rechts um die Blocks, so dass wir das ein oder andere mal in eine Sackgasse liefen und immer die selbe Gruppe an ebenfalls verspäteten Fans fünf oder sechs Mal überholten. Dann leuchteten uns die Scheinwerfer der Arena schon grell entgegen, nur noch eine Häuserzeile trennte uns vom Fußballabenteuer. Und wieder die Frage: linksrum oder rechtsrum?

Linksrum. Weitergerannt. Den Berg nach oben. Nächste Möglichkeit rechts. Das Flutlicht immer schön rechts von uns. Wieder nächste rechts. 30000faches Stöhnen von Ferne. Wieder rechts. Weiterrennen. Bergab. Und wir stehen an der gleichen Stelle wie zuvor.

Schwer schnaufendes Staunen. Eingang verpasst? Nochmal rennen. Bergauf. Rechts. Elend gleicht aus zum 1:1. Rechts. Bergab. Selbes Spiel. Selbe Stelle. Drama. Weltuntergang.

Wir rennen in die andere Richtung, unter Winterjacke, langer Unterhose, doppeltem Sockenpaar quilt der Schweiß, langsam meldet sich der erste Drehwurm, ein Eingang hingegen meldet sich nicht, und die Masse, der man hinterher laufen hätte können, wenn nicht – hab ich ja ausgeführt – auf jeden Fall war das irgendwie verfahren, äh, verlaufen.

In unserer Verzweiflung schellten wir bei der nächstbesten Tür und verstanden nicht recht, warum da »Müller / Block 33« auf dem Klingelschild stand.

Kurzes Warten. Dann machte eine herzensgute alte Frau auf und lächelte: »Wohl etwas spät heute? Kommen Sie!«

Sie führte uns hinauf in den dritten Stock, geleitete uns durch das Zimmer ihres Sohnes, nahm eine Stange, öffnete damit eine Falltür zum Dachboden, zeigte hinauf, wünschte ein gutes Spiel und verschwand. Wir stiegen nach oben, öffneten die Dachluke, kletterten hinaus und standen inmitten der legendären Arena von Borussia Elend, das an diesem Abend 3:1 gegen Not gewann. Tja, hatten wir wohl das einzige Tor unseres SC Not verpasst. Nee, nicht das einzige Tor in diesem Spiel. In diesem Leben.

Fernsehverzicht

Fußball schaut man am besten im Stadion. Denn Fernseher sind doof. Sie zerstören die eigene Phantasie, machen vojeuristisch, im Übrigen dumm und schlechte Augen. Fernseher sind teuer, angehender Sondermüll, groß, sperrig, unromantisch, alles Schlechte dieser Erde zugleich, in einem Wort also: unverzichtbar.

Das merkt man erst, wenn man keinen hat.

Ich zähle mich gerne zu den Aufgeklärten und vertraue daher in meiner Informationsnachfrage lieber Presse und Rundfunk, da Hintergründe und Kommentare objektiver machen als live erlogene Skandale. Ja, mein Leben ohne Fernseher macht mich geistreich und weise, ausgeschlafen und gebildet. Und es geht so lange gut, bis Freiburg spielt.

Samstag nachmittags sitze ich dann vor dem Radio, vermisse zum ersten Mal leicht den Videotext mit den Zwischenständen, vertraue mich dafür ganz den hadernden (Nürnberg), röchelnden (Stuttgart) oder brüllenden (alle anderen) Kommentatoren hinter dem Äther an. In der Regel nach etwa dreißig, an schlechten Tagen nach fünfunddreißig Minuten erschallt das übliche »Tor für Freiburg!«, und ab diesem Zeitpunkt weiß ich zweierlei: Erstens wird Freiburg am Ende unglücklich 1:2 verlieren, zweitens werde ich krank werden, weil ich das eine Freiburger Tor nicht werde sehen können.

Und wie immer werde ich recht behalten. Nach dem Abpfiff der Partien und Freiburgs knapper Niederlage beginne ich aufgeregt in meinem Zimmer hin und her zu gehen. Ich überlege, wie ich mich ablenken könnte, nein, ehrlicherweise überlege ich eigentlich nur, wie ich möglichst schnell an einen Fernseher gelangen könnte, um Freiburgs Tor zu sehen.

Denn spätestens seit der grandiosen Niederlage Bayerns gegen Manchester in dem Wettbewerb, den ich eigentlich boykottieren wollte, bin ich traumatisiert. Da schreibt eine Mannschaft Fußballgeschichte, und alles, was in den Gazetten zu lesen ist, ist folgende Analyse: »...und dann schoss Manchester zwei Tore.« Keine Silbe, wie unbeschreiblich es ist, in der letzten Minute ein Europapokalfinale zu kippen. Keine Zeile, wie, auf welche Weise, mit welcher Art von Tor dieses Wunder gelang, wie das Netz zappelte, wie die Spieler dreinschauten, wie der Ball glänzte, wie alles zusammen passte, damit so etwas geschehen konnte. Nichts.

Seither lebe ich in der tiefen Angst, das selbe könnte bei einem Freiburgspiel passieren. »Freiburg ging einmal mehr in Führung.« Allein die Vorstellung, dass mich dieser lapidare Satz am anderen Morgen aus der Zeitung anblicken könnte, jagt mir einen Schauer den Rücken hinunter. Dann die beißenden Fragen: Werden sie das Tor ausführlich genug beschreiben, werden sie die Situation erklären, aus der es entstand, werden sie den jubelnden Torschützen abbilden und den frustrierten Torhüter und alle anderen Spieler? Werden sie? Ich fürchte nicht.

Zur Ablenkung blättere ich in alten Fußballmagazinen, die sich bei mir stapeln. Sie funkeln mich verlockend an, doch wenn man sie aufschlägt, überall nur Buchstaben, Buchstaben und Bilder, alte Bilder, stehende, kein einziges bewegt sich, und dabei zeigen sie vielleicht gerade in diesem Augenblick im Fernsehen das Tor, mein Tor, das 1:0 für Freiburg, das wichtigste Tor dieser Woche.

Ich kann mich nicht zusammenreißen. Ich laufe in meinen zehn Wohnheimquadratmetern gegen jede Wand, was angesichts der äußerst überschaubaren Größe recht häufig vorkommt, und versuche mich an die schlechten Eigenschaften eines Fernsehers zu erinnern.

Dabei entdecke ich, dass mein Fenster in etwa die Proportionen eines Fußballtores hat, und so stelle ich mir wie in Trance den restlichen Abend jede einzelne der unendlich vielen Möglichkeiten vor, wie der Ball in dieses imaginäre Torrechteck geflogen, geflattert, geschlittert sein konnte. Wie es wohl wirklich war? Ich würde es nie erfahren. Aber wie kann man Fan einer Mannschaft sein, wenn man nicht einmal weiß, wie sie ihre Tore schießt? Ich beginne, mich schuldig zu fühlen, wie einer, der seine Freundin sitzen lässt und sich danach tagein tagaus vorhält, was er dadurch alles verpasst.

Trotz dieser niederschmetternden Selbstzerfleischungen halte ich mit bleistiftgezeichneten Fußballgeschichten eisern durch, bis auch das Aktuelle Sportstudio vorüber ist.

Doch dann passiert, was jede Woche passiert: Nach einer einschlaflosen halben Nacht ziehe ich mir meinen Bademantel über, gehe über den Gang zu meinem Nachbarn, klopfe, hämmere ihn aus dem Schlaf, küsse ihm die Füße, besteche ihn mit einem Kasten Bier, bettle und flehe, um die Nachtwiederholungen der Sportsendungen sehen zu dürfen, erhalte widerstandsvoll Einlass, ertrage stundenweise Werbung, erkenne im Abspann das eine, einzig wichtige Tor, denke, oh, das war ja banal, frage mich, wie man für so etwas einen Fernseher kaufen muss, gehe zurück ins Bett, schlafe selig, fühle mich reif und intellektuell ohne eigenen Fernseher, werde eine wundervolle Woche verbringen, bis Freiburg wieder spielt.

Es ist WM

Ich habe ja – wie beschrieben – selbst keinen Fernseher. Fernsehgesellschaft geht mir auf den Geist. Außerdem kommt nur Mist. Zeitraubend ist es auch. Und wenn mal ein wichtiges Fußballspiel kommt und nicht nur Freiburg, kann man ja bei einem Wohnheimnachbarn schauen.

Im Juni 1998 fanden genau 64 wichtige Fußballspiele statt. Es war WM.

Brasilien – Schottland 2:1.

Was für ein Fest! Die WM beginnt. Und alle fiebern mit. In Festlaune gönne ich mir mein erstes Bier in diesem Leben. Ich trinke ja normalerweise nichts. Außer es ist WM.

Marokko – Norwegen 2:2.

Die Marokkaner! Wie die spielen! Das müssen wir in der Halbzeit nachahmen. Klappt nicht so gut, vielleicht wegen der ersten Biere. Ich kicke den McDonalds-WM-Ball in die Sitzecke, Flaschen und Aschenbecher zerbersten. Aufräumen kann ich nicht, denn das Spiel läuft wieder. Ich bin ja nun wirklich ein vorsichtiger Mensch. Außer es ist WM.

Italien – Chile 2:2.

Ein Krimi. Wäre der Baggio nicht so gemein, sogar mit Happy End. Nerven hat es gekostet, und daher drei Chipstüten. Ich bin ja ehrlich kein Vielfraß. Außer es ist WM.

Kamerun – Österreich 1:1.

Das erste richtig schlechte Spiel. Aber WM ist WM. Da gibt es kein Weggucken. Die Hausaufgaben bleiben liegen. Ich bin ja schon pflichtbewusst eigentlich, aber – ihr wisst schon.

Paraguay – Bulgarien 0:0.

War nicht so schlimm, dass ich keine Hausaufgaben gemacht habe. Ich kann heute ohnehin nicht zur Uni, denn schon um 14:30 Uhr ist dieses Spiel. Ich geh ja sonst zu jeder Veranstaltung. Außer es ist WM.

Saudi-Arabien – Dänemark 0:1.

Das dritte schlechte Spiel hintereinander. Ich kann schon nicht mehr hinschauen. Weil ich trotzdem schauen muss, muss ich meinen Körper zwingen. Ich schütte einigen Kaffee in mich rein. Tu ich ja normalerweise nicht. Nur bei der WM.

Frankreich – Südafrika 3:0.

Es passiert wieder was. Aber ich kann Chipstüte, Bier und Kaffee schon fast nicht mehr halten, so groß ist die körperliche Dauerbelastung. Da hilft nur Härteres. Ich greife zu Red Bull.

Spanien – Nigeria 2:3.

Die dritte Nacht nicht mehr richtig geschlafen. Kein Zeitgefühl mehr, aber noch kein Tor verpasst. Zu allem Unglück diesmal ein wirklich spannendes Spiel. Meine Nerven halten das nicht mehr aus. Ich schnorre meine erste Zigarette. Ich bin ja sonst kein Selbstmörder, Entschuldigung, Raucher. Außer natürlich es ist WM.

Südkorea – Mexiko 1:3.

Ich kenne keinen einzigen Spieler der Teams. Aber ich muss mich irgendwie zum Hinschauen motivieren. Also verwette ich einen Kasten Bier, weil ich nicht mit Mexikos Ballhüpfkünsten gerechnet hatte. Ich hasse Glückswetten ja zutiefst. Aber es ist halt WM.

Holland – Belgien 0:0.

Dieses Spiel ist ein Grund dafür, weshalb ich keinen Fernseher besitze. Würde ich mir auch nie im Leben antun. Nur bei einer WM. In meinem derzeitigen körperlichen Zustand kann ich eh nicht mehr zwischen gutem und schlechtem Spiel unterscheiden, ebensowenig zwischen Tor und Nicht-Tor oder zwischen Mannschaft A und Mannschaft B. Aber man muss schließlich präsent sein, und in zwanzig Jahren sagen können: Also, 1998, das war so, da habe ich nur ein einziges Spiel verpasst! Das war echt 'ne coole WM! Aber bei dem einen Spiel, da lag ich halt gerade auf dem OP, weil sie mir die Leber rausgenommen haben. Dass die nicht bis nach dem Spiel warten konnten! Ausgerechnet bei Japan gegen Jamaika!

So, ich werde mich jetzt aufmachen zum nächsten Spiel. Eine Pointe reicht es vorher leider nicht mehr. Ich schreibe ja wirklich gerne Satiren, die lustig enden. Außer – außer es ist WM.

Ruhrpott III

Die politischen Farben im Ruhrgebiet sind nicht schwarz-gelb, auch wenn die Borussia aus Dortmund in diesen Farben spielt. Nein, auf dem Stimmzettel können die Ruhrpötter doch noch zwischen Fußball und dem restlichen Leben unterscheiden und lassen das Gelb weg. Neuerdings. Früher war alles anders und alles besser und damit alles rot. Doch der Strukturwandel ist dabei, auch die Vormachtstellung der SPD wegzuwandeln. Die politische Landschaft im Ruhrpott präsentiert sich damit zunehmend bunt. Ideal also für mich, um mich mitten rein zu stürzen.

Braun will Kohle haben

Warum Dortmund plötzlich in Grün spielt und Köln in der Bundesliga bleibt, damit Braun mehr Kohle kriegt. Oder: Ein großes Missverständnis.

Da wollte ich also mal zum Hallenturnier in die Dortmunder Westfalenhalle. Nun ist es da aber so, dass es viele Eingänge gibt und das ziemlich verwirrend ist, und so bin ich wohl nicht ganz richtig gewesen.

Ich bin der Masse hinterher gelaufen, und dann hat die Masse auch noch von hinten geschoben, mich in einen kleinen Raum rein, wo überall Kameras und Fotografen waren. Da dachte ich, hier isses spannend, da ist zwar kein Fußball, aber sicher VIPs.

Die Frau am Eingang fragte mich, ob ich Mitglied des Kreisverbandes sei, und ich sagte ja, weil ich einer mit Ja-Sager-Syndrom bin (ich kann nicht nein sagen), und trug mich in die Liste ein. Vielleicht kann man ja was gewinnen. Kreisverband irritierte mich etwas, ich hatte eher an Bundesliga gedacht.

Und dann war das so, dass ich ein Kärtchen bekam, da stand drauf: Stimmkarte Nr. 27, mit der wusste ich nichts richtig anzufangen. Da stand auch noch drauf:»Die Grünen«, dabei spielt der BVB doch in Gelb!

Aber dann sagte ein Mann vom Fernsehen:»Wo ist denn die Basis? Heben Sie doch alle mal Ihre Kärtchen hoch!«, und da wusste ich, wofür die da waren. Ich hielt die Karte hoch. Dann kam der Mann vom Fernsehen und einer mit der Kamera auf mich zu, und der Mann fragte:»Pro oder contra Koalition?«

Koalition? Das musste wohl Köln heißen, und ich sagte:»Die sollen ruhig absteigen!«

»Also raus?«

»Ja, raus!«

Ich fand das unheimlich spannend, auch wenn ich nicht kapierte, warum hier über Köln gesprochen werden sollte.

Dann sagte vorne an dem Tisch ein Mann etwas, den ich noch nie in der Sportschau gesehen hatte. Er sprach wieder von Grünen und diesmal auch von Roten, also Kölnern, und auch was von Garzweiler und Mönchengladbach. Garzweiler – hieß so nicht der Präsident von 1860 München?

Ich versuchte mir einen Reim auf die Geschehnisse zu machen. Offensichtlich ging es in der Diskussion um den Spieler Braun, der mal in Köln spielte und mehr Kohle will. Und die will er von Garzweiler und seinem 1860 oder noch lieber von Mönchengladbach. Düsseldorf kam auch immer wieder ins Gespräch, und sogar Bonn, aber zu dem Regionalligisten Bonner SC möchte Braun doch sicher nicht, Kohle hin oder her.

Und was ich auch nicht verstand, war, was das alles damit zu tun hatte, ob Köln raus musste aus der Bundesliga oder nicht.

Die Anwesenden stritten richtig hitzig um diesen Braun, aber irgendwie konnten sie sich nicht einigen, und immer wieder stand vorne eine rüstige

Dame auf und sagte laut:»Ich werde das verhindern! Aber nur, wenn Köln drin bleibt!«

Aha, dachte ich, Braun geht nicht nach Gladbach und nicht nach München, sondern nach Köln, aber nur, wenn die drin bleiben, denn da kriegt er richtig fett Kohle.

Ich hatte mir das Verhandeln über Spieler immer ganz anders vorgestellt. Aber das war aufregend.

Zwischendrin versuchte ich, Prominente zu erkennen, aber die, die die Fäden im Verein in der Hand haben, sind halt nicht so oft im Fernsehen. Ja, und dann war da noch was, das ich gar nicht verstand. Da wollten die doch tatsächlich darüber abstimmen, ob Köln in der Bundesliga bleiben darf oder nicht. Bei aller Distanz – so viel Korruption hatte ich ehrlich nicht erwartet.

Ein Mann fragte:»Wer ist also contra Koalition?«

Nun, ich wäre schon gegen Köln gewesen, aber zum Gehilfen der Korruption wollte ich mich dann doch nicht machen.

Der Mann zählte:»Vierzig.«

Dann sagte er:»Und wer ist contra Koalition?«

Und wieder sagte er zögernd:»Vierzig.«

Dann sah ich plötzlich, wie meine Freunde Gilli, Andi und Zumsel sich an der Scheibe die Nase platt drückten und wild in der Gegend herum gestikulierten, als sie mich sahen. Ich erinnerte mich wieder, dass wir uns ja hatten treffen wollen vor dem Turnier, strahlte und winkte ihnen freundlich zu.

Da fingen plötzlich alle an zu klatschen, und der Mann sagte:»Einundvierzig.« Und das Fernsehen stürzte auf mich zu und sagte mir, dass ich Köln gerettet hätte und weiter:»Die Grünen haben es Ihnen zu verdanken, dass sie drin bleiben!«

Wie, der BVB jetzt auch?

Auf jeden Fall brachte ich jetzt alles an, was ich im Fernsehen gelernt hatte und sagte echt cool:»Na gut! Is klar! Hauptsache, drin is er. Tor is Tor.«

Und dann bin ich natürlich ganz stolz heim gegangen und hab gleich abends das Aktuelle Sportstudio geschaut, aber irgendwie hab ich mein Interview verpasst. Sehr schade. Aber Köln kann ich dafür wieder besser leiden.

Ruhrpott IV

Das wirklich Wichtigste, neben allen Tauben und Fußbällen und farbenfrohen politischen Gruppierungen, sind eindeutig die Menschen im Ruhrgebiet. Doch ehrlich, die gibt es auch, und immer weniger sind schwarz im Gesicht, das haben sie ja auf die Gesinnung verlagert, aber offen sind sie trotzdem, so lange man ihrem Hund nicht zu nahe kommt, und wenn sie dann einmal offen sind, dann kriegt man sie kaum mehr los.

Frisur und gute Unterhaltung

Ich gehe immer nur dann zum Friseur, wenn ich die Spagetti auf dem Teller nicht mehr von meinen Haaren unterscheiden kann. Und wenn man schon nur zweimal im Leben zum Friseur geht, soll man wenigstens etwas davon haben.

Heute ist es mal wieder so weit, nachdem mich ein Mitstudent heute morgen diskret darauf hingewiesen hatte, dass es auch in Dortmund Friseure gebe.

Klar gibt es die, und die meisten sind höllisch teuer, daher muss ich mich in die finsterste Ecke der Stadt begeben, um nach dem Haarschnitt noch etwas Geld in der Tasche zu haben. Langhaarige sind in den finstersten Stadtecken aber selten willkommen, daher kann ich mich nur mit Mühe unter einigem Baseballschlägergeprassel in das kleine Friseurgeschäft retten und meinen 17-Uhr-Termin antreten.

Ich bin der einzige Kunde, die Chefin verabschiedet sich bereits, und die Angestellte fragt höflich: »Und wie soll es heute werden?«, gut überspielend, dass ich ihrer Ansicht nach gewiss noch nie einen Friseursalon von innen gesehen haben konnte. Ich deute auf die Höhe meines Ohres und sage: »So lang etwa.«

Das ›etwa‹ hätte ich besser weggelassen.

Madame fängt an zu kämmen, zu haarspangen und zu schneiden, und ich betrachte mich im Spiegel, überlege, ob ich was reden soll, denke, dass ich vielleicht zu verkrampft bin, so das erste Mal seit Jahrzehnten beim Friseur, stelle mit Erschrecken fest, dass meine Augen unsymmetrisch sitzen, ferner mein Blick in der lethargischen Stimmung des Frisiertwerdens dem eines treudoofen Hundes unvermutet ähnlich sieht, denke also dies und das, das und dies, während meine Haare zusehens kürzer werden (was den Hundeblick nicht beheben kann) und – doch, endlich sagt Madame etwas, um die Lage ein wenig zu entkrampfen.

»Entschuldigung, das Telefon.«

Sie geht ans Telefon, redet mit einer Kundin, kommt zurück und ist wie verwandelt.

Sie plappert wie eine Berlinerin. Nein, wie eine alleinstehende Berlinerin. Nein, auch nicht, eher wie eine alleinstehende Berlinerin mit spanischem Blut.

Der Grund ihrer plötzlichen Lebendigkeit: Eine Kundin, die sich nach mir angemeldet hat, wird sich verspäten. Und wenn es um den Feierabend geht, dann hört bekanntlich die Kunden-König-Freundlichkeit auf.

»Also, was soll ich da denn machen?«

Achselzucken meinerseits.

»Ich kann doch nicht sagen: Dann können Sie halt nicht mehr kommen.«

Kopfschütteln, zaghaft, Madame muss ja schneiden können.

»Irgendwo hört die Kundenfreundlichkeit auf.«

Ich nicke.

»Ich meine, jeder hat doch seinen Feierabend verdient.«

Ich nicke deutlicher.

»Nicht wahr?«

Ich nicke heftigst.

Und dann wieder von vorn.

»Nicht? Was soll man da denn machen, bitteschön?«

Achselzucken.

Und während Madame sich wieder und wieder über ihre Kundin ärgert, schneidet sie meine Mähne Runde für Runde und Millimeter für Millimeter kürzer, und wird dabei zunehmend behäbiger und langsamer, sorgfältiger und behutsamer. Und redseliger.

»Was soll man denn?« – »Muss man denn alles?« – »Gibt es denn keine Grenzen?«

Kopfschütteln. Nicken. Nicken. Achselzucken.

Und Madame schneidet, rasiert, schert.

Weil die Kundin, die kommt nicht.

Die Ohren stehen schon frei und ab, ich komme aber nicht zum Eingreifen, außerdem ist es ja auch schön, von Frauenhand gehegt und gepflegt zu werden, und alles, was ich zu tun habe, ist Achselzucken und Nicken.

18 Uhr. Keine Kundin. Noch vier Zentimeter.

»Sehen Sie. Ich werde heute überhaupt keinen Feierabend mehr bekommen!«

Nicken.

18 Uhr 30. Noch 0,5 Zentimeter. Endlich geht die Tür. Eine Wolke Parfum kommt herein, einige Minuten später eine Kundin, zwei Meter langes Haar. Ich bemitleide Madame zutiefst, aber nicht lange, denn die Redseligkeit hat sich schlagartig gelegt, in Sekundenschnelle bin ich fertig gemacht, gereinigt, gespiegelt und an die Kasse geschleift.

Hier wird plötzlich nach Zeit abgerechnet, mit der abgeschnittenen Haarlänge multipliziert, so dass ich für meinen Trockenschnitt etwa die Kategorie Damen-Waschen-Tönen-Dauerwelle-Stylen-Einkleiden bezahle, danach kein Geld mehr in der Tasche habe, die Skins gefahrlos passiere, aber vom Hausmeister aus meinem Wohnheim gejagt werde, mit der Begründung, ich könne kein Student sein.

Daher: Wenn es das nächste Mal Spagetti gibt, esse ich meine Haare einfach mit!

Nur kurz-Kurt

Nur kurz.

Das ist in Deutschland die Umschreibung für »ein Leben lang«.

»Ich bin nur kurz Zigaretten holen«, sagte der Mann und ward nicht wieder gesehen. »Ich leih mir nur mal kurz dein Geld«, sagte der Freund, gründete ein Unternehmen und hieß forthin Herr Doktor.

Ein jeder mag sich also vorstellen, was es für mich bedeutet, »Nur kurz«-Kurt kennengelernt zu haben.

Die Vorgeschichte: »Nur kurz«-Kurt und ich, wir waren beide grün und bildeten die Lokale Agenda-Bewegung in Dortmund. Lokale Agenda 21 kennt außer uns beiden niemand, deshalb sage ich das hier kurz, das heißt also so viel wie Lokale Tagesordnung 21, und das kann man sich fein daran merken, dass es immer bis 21 Uhr dauert, bis man die Tagesordnung aufgestellt hat, und danach verteilt man sich in die Lokale.

Inhaltlich soll es irgendwie um ein Dreieck gehen, das alle gesellschaftlichen Strömungen aufgreift, eine Seite heißt »Ökologie« – und die anderen beiden habe ich vergessen.

Wo zwei Grüne zusammen sind, geht es nicht ohne Rednerliste. Es war an diesem Abend also kurz nach 21 Uhr, so dass wir beiden jetzt endlich ins Thema einsteigen konnten. Laut Rednerliste wäre ich dran gewesen, doch da drängte sich »Nur kurz«-Kurt vor und sage: »Nur kurz, weil wir doch gerade bei *Nach*haltigkeit sind. Ich fahre *nach*her Richtung Hombruch, falls jemand mit möchte.«

Ich mochte, und so beschlossen wir, die Sitzung für heute zu beenden.

Nachdem Kurt nur kurz noch seine Dias sortieren musste – es ist ja auch in keinster Weise ungewöhnlich, dass jemand zu jeder Gelegenheit seine Dias mitschleppt – saßen wir auch schon eine Stunde später in seinem Wagen.

Kurt fragte fair: »Soll ich dich gleich heim bringen? Sonst könnten wir nur kurz noch auf dieses mittelalterliche Spektakulum hier gleich um die Ecke.«

Ich sagte deutlich: »Lieber gleich heim«, worauf Kurt sagte: »Gut«, und den Wagen ans andere Ende der Stadt zum mittelalterlichen Spektakulum steuerte. Musste wohl an meinem schlechten Deutsch liegen. Oder an Kurts »Nur kurz«-Mentalität.

»Ach, fünf Minuten schaffste noch«, feuerte er mich an.

Ich konnte auch hier mein Ja-Sager-Syndrom nicht unterdrücken, hatte Augenblicke später (will sagen: nach halbstündigem Fußmarsch) einen Zwanni weniger in der Tasche, weil es im Mittelalter offensichtlich üblich war, die Siedlungen mit Bauzäunen abzuriegeln und im einzigen verbliebenen Durchgang sämtliche Handelsreisenden zu überfallen und auszurauben.

Alles in allem bin ich ja auch kein Mittelalter-Hasser, redete ich mir immer wieder ein und bemühte mich redlich, mich für das Leben meiner Vor-vor-vor-vor-und-so-weiter-Fahren zu interessieren, denn nur durch diese psychologischen Tricks hielt ich es aus, bis zum Ende des Spektakulums gegen halb vier auszuharren und an Kurts Seite jeden Lederbeutel zu beschnuppern, jeden Barden anzupöbeln, jeden Trunk zu trinken und jeden Fraß zu fressen.

»Hier ist doch einfach der Bär los, war doch gut, dass wir noch kurz vorbei sind«, rechtfertigte sich Kurt, als der letzte wache Veranstalter und ich ihn dann mitten in der Nacht zu seinem Auto zurück trugen.

Ich dachte, ab nach Hause und eine Satire schreiben, ahnte aber noch nicht, dass ich die nächste halbe Seite auch noch gefüllt bekommen sollte. Denn das Spielchen – »Ich stell dir zwei Sachen zur Auswahl und wir fahren dann den weiteren Weg« – ging unverdrossen weiter. Kurt sagte: »Bist Du eigentlich schon hier lang gefahren?«, ich sagte: »Nein. Ich fahre sonst nie Auto«, und Kurt sagte: »Dann müssen wir hier – nur kurz – vorbeifahren, das musst Du mal gesehen haben!«, und so sah ich in dieser Nacht Bordsteine, Laternen, Straßenschilder, und ich fragte mich ununterbrochen: Wie konnte mein Leben bislang Sinn haben, wo mir das alles vorenthalten geblieben war?

Das Ungeschickte daran war, dass wir uns auf diese Weise immer weiter von bekannten Gefilden entfernten, so dass ich trotz Ja-Sager-Syndrom, zumal im Dunkeln, einfach keinen bekannten Straßenzug entdeckte, weder im Münsterland, noch an der Ems entlang, noch auf den friesischen Inseln.

Ein Segen, dass mein Nachbar einst auf Juist Urlaub gemacht und mir eine nette Postkarte geschickt hatte. So konnte ich dort unvermittelt ausrufen: »Halt! Das kenne ich!«, worauf »Nur kurz«-Kurt verstimmt murrte: »Das hättste ja wohl auch gleich sagen können! Dann hätte ich dich halt kurz auf dem direkten Weg nach Hause gebracht.«

Was er dann auch tat.

Ich fiel sodann tot ins Bett. Doch leider: Nur kurz.

Ruhrpott V

Bisher ist das Bild vermittelt worden, ich sei in den Ruhrpott gekommen, um Land, nun, Stadt und Leute kennenzulernen, Fußball zu gucken und mich in diverse peinliche Situationen zu begeben. Das ist durchaus korrekt. Um dennoch meinen Lebenslauf zu retten, möchte ich einige Bemerkungen über das – was tue ich doch gleich die ganze Zeit? – Studieren anschließen.

Semesterbericht

Also, irgendwas muss ich wohl falsch machen! dachte ich immer, wenn ich die anderen Studenten klagen hörte, die ganze Wochenenden an der

Uni verbrachten, in Schlafsäcken übernachteten, Tag und Nacht arbeiteten, aber nur, wenn sie nicht gerade zusammenbrachen, und alles nur, um irgendeinen doofen Bericht fertig zu kriegen.

Ich hingegen suchte mir meinen Stundenplan so zusammen, dass er mich nicht überforderte. Immerhin ist man im zweiten Semester noch nicht soweit, dass man sich schon in vollem Umfang in die Veranstaltungen werfen könnte. Andererseits ist man im zweiten Semester schon so clever, dass man weiß, welche Veranstaltungen man sich schenken kann. Ich schenkte mir den Montagmorgen. Denn – das ist ja klar. Dienstagmittag blieb frei wegen Fußball. Mittwochs ist sowieso nie Bedeutendes. Donnertstags Feiertag. Und Freitag lohnt sich dann auch nicht mehr. Für die eine Veranstaltung Dienstag morgens kaufte ich mir ein Skript und blieb im folgenden fern.

Doch da gab es noch diese blöde Pflichtveranstaltung, dieses Studienprojekt, das sich Montag und – falls möglich – Donnerstag je vier Stunden lang traf. Dieses Projekt sollte eine Umweltverträglichkeitsstudie für eine Umgehungsstraße erstellen. Und einen Bericht darüber anfertigen.

Die erste Woche ging ich nicht hin. Da musste ich mich ja erst wieder in Dortmund einleben. Das versteht jeder. Die zweite Woche fiel eh aus, da einige Klausur schrieben. Die dritte Woche saßen wir da, tranken Kaffee, schrotteten die Kaffeemaschine und beschlossen, dass noch genug Zeit sei bis zu dem Bericht.

Daher ging ich die vierte Woche gleich gar nicht mehr hin. Sondern flog nach Mallorca. Denn in der Nebensaison ist es billiger. Alle Studenten reisen da. In den Semesterferien muss man schließlich Geld verdienen.

Dann war Pfingsten. Die Pfingstwoche war frei.

Nach Pfingsten machte unser Projektbetreuer uns darauf aufmerksam, dass nur noch wenig Zeit verbliebe, wir deutlich hinten dran seien und er ein Desaster kommen sehe. So ungefähr zumindest musste er das gesagt haben. Ich persönlich erfuhr es ja nur aus zweiter Hand, wo ich doch noch eine Woche bei meiner Freundin angehängt hatte.

Dann musste ich mich natürlich erst wieder in Dortmund einleben. Das ist ja auch etwas anderes im Vergleich zu einem handwerklichen Beruf. Studenten arbeiten mit dem Geist. Und der Geist ist sensibel. Und etwas Sensibles muss geschont werden, sonst funktioniert es nicht mehr oder nur noch falsch.

Nachdem ich drei Anrufe bekommen hatte, ob ich noch lebte (es sind schon Studenten gestorben, und man hat es erst im 23. Semester bemerkt), ging ich mal wieder zur Uni. Mensen.

Und nach dem Essen zum Projekt. Wir saßen da und tranken kaltes Wasser mit Kaffeesatz, da niemand es vermocht hatte, die Kaffeemaschine unseres Professors zu reparieren oder zu ersetzen. Die Runde wurde durch Ratlosigkeit geprägt ob der fortschreitenden Zeit und des hinterher hinkenden Standes des Projektes. Noch zwei Wochen, hämmerte uns der Vorturner, sicher ein verkappter BWL-Student, der den Numerus Clausus nicht gepackt hatte, ein.

Nichts für ein so sensibles Gehirn wie meines. Das bringt nur bei positiver Grundeinstellung, Abwesenheit von Stressfaktoren und optimaler psychischer Pflege Höchstleistungen. Und Schuld sind immer die Mitspieler und der Schiri – ach nee, das war was anderes.

Zumindest konnte ich diese Panikmache meinem Nobelhirn (langes o) nicht antun und verbrachte die nächste Woche hinter dem Haus mit Hasen, Bier, Grillen und *Sonnenschein* (letzteres ist der größte Witz im ganzen Text).

Dann, es war Freitag und etwa acht Uhr, wurde ich von zwei Mitstudenten aus dem Bett gerissen, kalt geduscht, in alte Kleider gesteckt und gewaltsam zur Uni gebracht. Es war wohl langsam Zeit, mit dem Endbericht anzufangen.

Wir verbrachten das ganze Wochenende an der Uni, übernachteten in Schlafsäcken, arbeiteten Tag und Nacht, aber nur, wenn wir nicht gerade zusammenbrachen, und alles nur, um diesen doofen Bericht fertig zu kriegen. Nebenher lernte ich das eine Skript auswendig und schrieb Montag Klausur. Projekt und Klausur wurden knapp bestanden.

Aber das Wichtigste ist: Jetzt kann ich endlich, endlich allen anderen Studenten vorjammern, wie hart das Studieren ist, wie viele Wochenenden man durcharbeitet, und wie viele Nächte man im Schlafsack an der Uni verbringt. Zumindest, wenn man alles richtig macht.

Linsenlos

Wenn einem Brillenträger die Brille runter fällt, bemitleiden ihn alle. Wenn aber einem Kontaktlinsenträger die Kontaktlinsen ausfallen, lachen ihn alle aus. Bestenfalls.

Schlechtestensfalls passiert, was mir an einem dieser Tage, an denen man besser nie aufgestanden, nein, an denen man besser nie geboren worden wäre, widerfahren ist.

Ich sitze in der Vorlesung meines österreichischen Professors und versuche zu folgen. Das mag vielleicht als Grund dafür angesehen werden, dass mancher in Anbetracht des folgenden Unheils sagen wird: Selber schuld! Wollte der Vorlesung folgen!, doch muss erwähnt bleiben, dass dieser Professor nur folgende Studenten leiden mag und zornig wird, wenn sich weniger als ein Student an der Vorlesung beteiligen. Also versuche ich zu folgen, und ich beschließe, besser folgen zu können, wenn ich lesen kann, was mir die großen Tageslichtfolien von der Wand entgegenwerfen.

Um sehen zu können, versuche ich mir die fünfeinhalb Stunden Schlaf aus den Augen zu reiben, ich reibe – und flutsch, da passiert's. Weltuntergang. Super-GAU. Selbstmordgefährdungsgraderhöhung. Kurz: Meine linke Kontaktlinse hat sich verabschiedet. Gut, auch ein GAU wird bei genügend häufigem Eintreten zur Routine, und so denke ich rasch, dass meine Linse sicherlich nicht den Hörsaalboden aufgesucht hat, sondern schlicht auf Urlaub ist in den hinteren Regionen meines Auges, wo sie indes ihren Zweck nicht einmal annäherungsweise erfüllen kann. Ich denke weiter, dass wenn ich mein Auge genügend reibe, die Linse sich vielleicht hervor arbeitet, doch das Gegenteil ist der Fall.

Ich teste aus, ob wenn ich den Kopf nach unten halte, die Linse vielleicht nach vorne rutscht, ich nicke heftig mit dem Kopf, blinzle, reibe, pule mit den Fingern herum, aber es passiert absolut nichts, außer dass der Professor freundlich hämisch sagt: »Schön, dass sie wieder bei uns sind«, als ich nach einigen Minuten den rot entzündeten Blick wieder nach vorne richte.

Die Erfahrung lehrt, dass das runde Stück Plastik nur genügend Zeit braucht, um sich zurück zu trauen, aber diese Zeit habe ich in diesem Augenblick weiß Gott nicht. Also versuche ich es – mit der Zeit verliert man da die Scheu – mit Weinen. Vielleicht lässt sich die verräterische Linse ja ausheulen. Doch, wie könnte es anders sein an einem Tag, den man besser übersprungen hätte: vergebens.

Ich bemühe mich nun, meine Aufmerksamkeit von dem Dilemma ab- und dem Vorlesungsstoff zuzulenken. Na ja, denke ich, das rechte Sichtfeld ist ja noch ganz gut. Phasenweise halte ich das linke Auge einfach zu, und dann wieder versuche ich, meinem Gehirn die Meisterleistung zuzutrauen, aus +/–0 und –4,5 Dioptrien ein sinnvolles Bild zusammenzusetzen. Also, *meinem* Gehirn gelingt das nicht.

Um noch ein klein wenig Ansehen beim Professor zu retten, melde ich mich, beantworte eine Frage, aber dabei muss ich ihn wohl ziemlich schief angesehen haben, außerdem schlug ich mein Zähne ins Mikrophon und kniff ihm in die Hand, da das ungleiche Sehen den Gleichgewichtssinn torpediert, und abgesehen davon werden mich nun sämtliche Mitstudenten für als leicht klapsmühlenverdächtig einstufen, bis auf eine, die Jahrgangshexe, die mein ständiges Augenzwinkern falsch verstanden haben muss und mich mit zuckersüßen Briefchen übersät, die über kurz oder lang in einem ruinösen Leben enden müssen.

So bin ich heilfroh, dass wenigstens diese Vorlesung ein Ende hat, torkle zur nächsten und hoffe, dass meine Kontaktlinse endlich ihren Dienst wieder antritt, da ich irgendwann mit dem Fahrrad wieder nach Hause möchte.

Doch nichts bewegt sich. Ich setze mich in die erste Reihe und strenge mich an, um wenigstens die rechte Seite der Tafel lesen zu können, doch da ein Auge mit dieser Aufgabe überlastet ist, und ein Einäugiger auf Dauer unkonzentriert und depressiv lethargisch ist, fasse ich mir nach einiger Zeit wieder ins Auge, wieder macht es flutsch, und ich sehe gar nichts mehr.

Nur noch von Ferne nehme ich die Erläuterungen wahr, in einem Feld aus verschwommenen Farbpunkten, ein Traum in die Wirklichkeit versetzt, keine Chance aufzuwachen. Immer verzweifelter blinzle ich, schüttle den Kopf, pule und reibe und drücke Tränen ins Auge, und, oh Wunder, das mit den Tränen klappt mit fortschreitender Verzweiflung immer besser, so dass es, als ich nur noch kraftlos auf meinem Klapptisch hänge, erst rechts flutsch macht, und wenig später auch links – endlich – wieder flutscht, ich das Wunder des Wieder-Sehen-Könnens ein weiteres Mal erlebe, und meine Mitstudenten mich nicht mehr wegen meiner merkwürdigen Anwandlungen, sondern nur noch wegen meinem Heulanfall während der Vorlesung verstoßen werden.

Frühstücksakribie

Studenten, genauer Studentinnen und Studenten, müssen mitunter sehr akribisch vorgehen, um die Anforderungen, die an sie gerichtet werden, zu erfüllen. Ich habe das zu meinem Lebensmotto gemacht.

Heute habe ich um 10:15 Uhr eine Vorlesung. Das heißt, ich werde um 9:57 Uhr im Hörsaal sein, um den Platz vorne rechts noch ergattern zu können.

Da ich vorher noch Frühstücken werde, nehme ich einen früheren Bus, und zwar um 6:31 Uhr, nachdem ich um 6:28 Uhr an der Bushaltestelle angekommen sein werde. Der Bus ist heute zu spät. Er kommt erst um 6:38 Uhr an der Universität an, anstatt um 6:35 Uhr. Zum Glück habe ich das eingerechnet. Jetzt darf ich allerdings nicht mehr trödeln. Ich gehe die Treppen nach oben zum Mensa-Gebäude. Vor dem Zeitungsautomaten halte ich an. Ich kontrolliere die abgezählte Münze in der Jakkentasche – ein Einemarkstück –, nehme ein sauberes Taschentuch in die eine und die Münze in die andere Hand, und werfe dann die Münze in den Schlitz, während ich mit dem Taschentuch die Klappe ergreife und öffne und die oberste Zeitung entnehme.

Alles klappt wie am Schnürchen. Pünktlich um 6:41 Uhr stelle ich mich an die Tür zur Cafeteria. Damit habe ich für die erste Seite, den Wirtschaftsteil und den Sportteil je sechs Minuten, da sie meist schon um 6:59 Uhr die Türe öffnen. Den Rest lese ich zu Hause.

Um 6:59 Uhr betrete ich als erster die Cafeteria und gehe direkt auf Tisch Nummer 22 zu, da der am wenigsten wackelt und der Stuhl am stabilsten ist. Ich stelle meinen Koffer auf den Stuhl und verstaue die Zeitung. Dann nehme ich ein frisches Taschentuch und säubere den Tisch. Das sollte man grundsätzlich tun in fremden Gebäuden, sonst holt man sich sehr leicht Bazillen und Viren in den Stoffkreislauf.

Um 7:05 Uhr traue ich der Sauberkeit des Tisches. Ich nehme den Koffer vom Stuhl und öffne ihn. Den Stuhl brauche ich nicht zu säubern, da ich ein Sitzkissen für Sitzfläche und Lehne dabei habe. Ich platziere es sorgfältig. Es ist für die Sauberkeit. Das zweite, das ich darüber lege und am Stuhl festschnüre – zweimal rum und dann einen Knoten – ist für eine bessere Sitzposition. Wenn man schon viel sitzt, dann wenigstens richtig. Um 7:11 Uhr passt alles.

Unvorhergesehen ist, dass an meinem Tisch ein zweiter Stuhl steht. Das bringt mich in Zeitverzug. Dass ich ihn an einen anderen Tisch stellen muss, kostet mich gut und gerne 20 Sekunden, und außerdem nehme ich diesmal drei Mal Seife statt zwei Mal beim Händewaschen, da ich den ungewohnten Stuhl angefasst hatte. Daher kann ich heute vor dem Milchregal nur vier Minuten überlegen statt fünf Minuten, ehe ich zur Bananenmilch greife. Ich habe mich dazu schon am Vorabend entschieden, aber ich will eben nicht auffallen.

Mein Baguette suche ich mir sorgfältig aus. Dazu nehme ich mir viel Zeit, um das mit dem idealen Belag und der saubersten Erscheinung in voller Frische zwischen Küche und Theke abzufangen.

Um 8:23 Uhr bezahle ich mein Tablett mit einem Baguette, einer Bananenmilch, einem Messer, einer Gabel und einem Einmal-Trinkhalm darauf. Servietten benutze ich eigene.

Das Frühstück kostet genau vier Mark (das ist der eigentliche Grund, warum ich immer Bananenmilch wähle). Ich bitte die Dame an der Kasse, mir auf mein Fünfmarkstück ein Einemarkstück heraus zu geben, damit ich morgen das Geld für die Zeitung habe.

Ich stelle das Tablett auf meinen Tisch und säubere die Platte erneut, da ich sehr lange weg war. Das Sitzkissen reinige ich mit meinem mitgeführten Handstaubsauger. Um 8:29 Uhr gehe ich erneut zur Toilette, um mir die Hände zu waschen. Vielleicht sollte ich mir doch noch Handschuhe kaufen. Dann könnte ich in der gewonnen Zeit die Lokalseiten der Zeitung lesen.

Um 8:35 Uhr sitze ich wieder vor meinem Baguette und untersuche, ob sich inzwischen Staub auf ihm abgesetzt hat. Ich entdecke nur ein Körnchen, was meinem Zeitplan sehr entgegen kommt, denn ich hatte vorsichtshalber vier Körnchen eingeplant. Das eine Stück kann ich bequem heraus schneiden. Um 9:03 Uhr liegt das Baguette essfertig vor mir. Um 9:13 Uhr habe ich den Verschluss der Bananenmilch sorgfältig entfernt und sofort ein Butterpapier über die Öffnung gelegt.

Es ist ein schöner, stressfreier Morgen. Ohne jeden Zeitdruck nehme ich die Gabel (nachdem ich kurz einen Mundspray benutzt hatte), hauche sie an und reinige sie mit einem frischen Taschentuch. Dann nehme ich das Messer, hauche es an und reinige es mit einem frischen Taschentuch. Dann nehme ich den Einmal-Trinkhalm, hauche ihn an und reinige ihn mit einem frischen Taschentuch.

Ich schneide ein Stück des Baguettes ab, betrachte es noch einmal sorgfältig, will es gerade in meinen Mund schieben – da höre ich im Raum ein lautes Niesen. Oh nein! Schnell lasse ich das Baguette fallen, stelle mein Tablett in die Geschirrrückgabe, packe meine Sitzkissen ein (die ich waschen werden muss) und verlasse die Cafeteria auf dem schnellsten Weg.

Ich werde innerlich so unruhig, dass mir der Schweiß aus den Poren rinnt. Denn ich muss schnellstens eine Entscheidung treffen, die mich überfordert: besuche ich die wichtige Vorlesung, oder – was vernünftiger wäre – fahre ich nach Hause, werfe meine Kleider in den Müll und nehme ein heißes Bad?

Rundumschlag

Hat mich doch jetzt ein Aachener (ich wiederhole: ein Aachener!) öffentlich als verkappten Germanistik- oder Philosophie-Studenten denunziert! Nur weil ich einige Seiten weiter vorne Rechenschaft über mein Studium abgelegt habe. Abgesehen davon, dass mein ehemaliger Deutsch-Lehrer mich jüngst in der Heimat ansprach und fragte:»Was macht das Studium? Du studierst doch Germanistik, oder?«, möchte ich diese Schmähung doch gerne zurückweisen. Ganz einfach deshalb, weil sie faktisch falsch ist.

Ein Germanistik-Student würde im Gegensatz zum Raumplaner am letzten Wochenende des Semesters nie und nimmer (ich wiederhole erneut: nie und nimmer!) im Schlafsack an der Uni verweilen, Tag und Nacht durcharbeiten, bis er irgendwann zusammenbräche. Der Germanistikstudent würde zu diesem Zeitpunkt bereits in Griechenland verweilen und sich auf seine Hausarbeit konzentrieren, die er bis übernächste Weihnachten noch zu schreiben hätte.

Aber grundsätzlich möchte ich mich nur ungern auf das Terrain begeben, auf welchem man andere Studiengänge schlecht macht, den eigenen ins Elitäre erhebt, sich mit Dreck bewirft und verleumdet. Schließlich gehören wir Studierende doch irgendwie alle zusammen. Auch die Primarstuflerinnen!

Ach ja, weiß eigentlich jemand, ob BWL und Jura überhaupt noch als Studiengang geführt wird? Das aber nur am Rande, ich habe mal gehört, das könnte man heutzutage nur noch als Wahlfach innerhalb einer Banklehre machen. Aber ich will ja nichts zu Themen sagen, wo ich mich nicht auskenne.

–

Ach nein, gar nichts zu sagen ist dann doch ein bisschen wenig.

Hab ich eigentlich schon erwähnt, dass die Raumplaner inzwischen den höchsten wissenschaftlichen Abstraktionsgrad erreicht haben? Es ist ja ein

Gerücht, dass Raumplaner immer nur im Kreis sitzen, mehr raten als diskutieren, irgendwann abstimmen, den Mittelwert bilden und schließlich auf 0,2 kommen, ohne zu wissen, was diese Zahl bedeutet, aber ausgehend davon den Strich auf dem Papier leicht nach Westen verschieben, mit 0,2 begründen und für diesen Tag genug gearbeitet haben. Nein, nein (Ich wiederhole: nein, nein!), wir Raumplaner sind schon richtige Ingenieure.

Weil nämlich zurück zum Abstraktionsgrad, das ist mir neulich bewusst geworden, als ich mal wieder zur Umweltschutzvorlesung vorbeischaute und an der Tafel folgenden Aufschrieb entdeckte: Kreis – Pfeil – Quadrat. Schlicht, doch alles erfassend: Kreis – Pfeil – Quadrat. Das geht ja direkt ins Philosophische (hätte ich meine Einleitung gelesen, wüsste ich, dass ich das besser nicht gesagt hätte), drückt das gesamte Dilemma der Gesellschaft aus, alle Schwierigkeiten, mit denen Planung zu kämpfen hat, trifft den Kern der Verhandlungstheorie, der Grundrisslehre und Systemtechnik in einem. Mit der Quadratur des Kreises ist dieses Schema sicher nur populärwissenschaftlich zu umreißen, nein, es steckt viel mehr darin, eine Weltanschauung ist geboren: Kreis – Pfeil – Quadrat.

Der Mathematiker würde wohl versuchen, diesen Sachverhalt in a und b zu fassen, was in der Regel dazu führt, dass die Studentinnen (die Studenten haben nach fünf Minuten aufgegeben) noch drei Stunden nach der Vorlesung da sitzen und die neun vollgekritzelten Tafeln abzuschreiben versuchen.

Alle anderen Ingenieure würden – da mit der Zeit gehend – sich in den unterirdischen PC-Pools eingraben und ein Programm darüber schreiben, aber die Formel für Kreis – Pfeil – Quadrat würde sich nicht mit der Jahreszahl in der Uhr von Windows vertragen, was einen langwierigen Kampf auf Nebenschauplätzen nach sich ziehen würde, bis das Grundproblem in Vergessenheit geraten ist, die Pädagogen würden schneller sein, mit Hilfe der Schriftart Wingdings sogar ein Ergebnis erreichen, aber über die Aussage desgleichen für immer im Dunkeln tappen, die Wirtschaftler würden scheitern, weil man weder Kreis noch Pfeil noch Quadrat in Dollars messen kann, nur wir (wir!), die Raumplaner, sind uns sowohl der mythischen als auch der technischen Komponente von Kreis – Pfeil – Quadrat bewusst, ja, Interdisziplinarität zahlt sich aus, wir sind einfach die Größten, nicht nur unsere Parties, ach, wie stolz dürfen wir sein, zu den Raumplanern zu zählen.

Mein Nachbar klärte mich dann darüber auf, dass Kreis – Pfeil – Quadrat schlicht bedeute, dass es in Pisa einen Park gibt, neben dem eine Tiefgarage gebaut wurde, und jetzt ist der Park kaputt, weil die Tiefgarage ihm das Wasser abgegraben hat.

Oh.

Und ich hatte schon gedacht... Vielleicht muss ich, um Kreis – Pfeil – Quadrat zu verstehen, doch Philosophie studieren. Doch dann muss ich Kreis – Pfeil – Quadrat auf 532 Seiten plus Anhang beschreiben, ohne dass man einen Satz verstehen darf, und wenn ich das kann, dann kann ich auch gleich Germanistik studieren. Ach Mist! Dass die Aachener letztlich immer Recht haben müssen.

Der aufregendste Tag meines Lebens

Es gibt die urkomischsten Dinge im Leben. Unglaubliche Geschehnisse, die einen zu Boden fallen lassen und nicht mehr atmen vor Lachen. Ereignisse, die nicht die Welt verändern, aber ein kleines Studentenleben, weil sie derart unfassbar, derart lustig, derart zwerchfellzerreißend sind, dass – ach, man möge es selber nachlesen, denn heute war wieder ein solcher Tag.

Pünktlich um neun Uhr begann er mit den Nachrichten auf WDR2, und während jeder zweite Student sich weggedreht und unter der Decke verkrochen und die andere Hälfte der Studenten den Wecker aus dem Fenster geworfen hätte, lag ich einfach nur da und informierte mich über die neuesten Ereignisse. Doch damit nicht genug: Danach stand ich auf.

Ich zupfte den Schlafanzug zurecht, zog die Gardinen zurück, und es war mir, als sei dies ein Tag wie jeder andere, denn er konnte sich noch nicht zwischen Regen und Sonne entscheiden. Ich fand das so witzig, dass ich sogleich beschloss, es am Abend aufzuschreiben, und ging in mein kleines Plastikbad, um mich zu waschen.

Das Kalt kam wieder mal von oben und etwas kräftiger als nach dem Wasserrohrbruch, so dass ich mich wunderbar waschen, ja laben konnte, mich frisch rasierte und zufrieden in meine Kleider stieg. Davor jedoch, und das lese man mit größter Beachtung, tupfte ich mir etwas Axe ins Gesicht, was absolut die erwünschte Wirkung hatte: es erfrischte.

Schnell das Fenster geöffnet, die Tür aufgeschlossen, die Zeitung geholt, das Teewasser aufgesetzt, die alten Teeblätter in den Müll getan, neuen Tee in die Kanne gefüllt, den Frühstückstisch gerichtet – welch Ereignisse an diesem frühen Morgen!

Dann passierte etwas, dass nicht mit Statistik, auch nicht mit Erfahrung, nicht einmal wissenschaftlich-theoretisch zu erklären war. Es geschah einfach, und ich ließ es geschehen, ich hinderte mich nicht daran, es zu tun, sondern ließ meinen Körper tun, was er tun wollte, was nützt auch Willen oder Trotz, wenn das Schicksal einen Plan verfolgt. Kurz: Ich schmierte mir ein Brot. Erst Butter. Dann Marmelade drauf.

Der Tee schmeckte einmal mehr nach Vanille statt nach Ostfriesenmischung, was daran gelegen haben mochte, dass ich zuvor Vanilletee in das Sieb gefüllt hatte.

Die Zeitung bestätigte die Radiomeldungen, der Sportteil fiel wunderbar üppig aus, das zweite Brot war mit Nutella, das Spülwasser wieder etwas lau, das Bad sah mich auch nochmal, und dann war auch schon wieder Packen angesagt – denn auch an diesem Tag hüpften die richtigen Bücher nicht von alleine in den Kinderkirchrucksack, der mal weiß gewesen war und bei jedem Besuch zu Hause von meiner Mutter wieder weiß gemacht wird.

Doch mein Leben wäre ein langweiliges, fände es nur zwischen Zimmerpalme und Plastikklo statt. Nein! Das wäre was für kommende Beamten! Ich hingegen forderte auch diesmal das Leben heraus, ging mutig die Treppe zum Keller hinab, ohne zu stolpern und mich zu verletzen und den Blutungen zu erliegen, riss mir auch kein Band, als ich den Schlüssel zum Fahrradraum zweimal drehte, schwang mich schließlich aufs Rad, stürzte mich kopfüber in den Verkehr und kam wenig später an der Uni an, nachdem ich die tägliche Steigung zwar widerwillig, so doch zielsicher genommen hatte.

Verkehrsplanung II, danach Bodenordnung II.

Spätestens in der Mensa war mir klar, dass dies ein unvergesslicher Tag werden würde, bekam ich doch einen besonders großen Klecks Sauerkraut aufs Tablett – ich hatte das Tagesessen für 2,30 DM genommen. Forthin war ich damit beschäftigt, die richtige Menge Kartoffelbrei mit der richtigen Menge Wurst und Kraut zu mischen, damit am Ende alles gleichmäßig aufgegessen war. Unglaublich, nicht wahr?

Der geneigte Leser denkt nun womöglich, na klar, jetzt rutscht er auf dem angeblich seit Jahrzehnten jeden Tag aufs neue frisch gebohnerten

Parkett aus, sobald er die Treppe betritt, erlebt ein Fiasko, eine Verkettung unglücklicher, aber unvergesslich komischer Zufälle und wird weltberühmt. Nein, besser: Ich ging die Treppen hinunter, zur Tür hinaus, bestieg mein Fahrrad und fuhr nach Hause.

Doch was war das! Ich hatte doch tatsächlich vergessen, auf dem Rückweg am Supermarkt zu halten und Milch und Brot zu kaufen! Die Katastrophe war vorprogrammiert, hätte nicht im selben Augenblick mein manchmal langsames, manchmal aber auch helles Köpfchen haargenau das richtige getan und mich auf die Uhr schauen lassen, so dass ich augenblicklich feststellte – ja, das Leben hatte es doch noch gut mir gemeint –, dass es erst 14.30 Uhr war.

So konnte ich noch zum Edeka fahren, Milch und Brot kaufen, abends den Kicker lesen, zu Abend essen und ein paar Satiren schreiben.

Mensch, selbst das Schreiben dieser aufreibenden Erinnerungen erschöpft! Was für ein Tag.

Kneipenklischee

Als Fremder, noch dazu als voreingenommener Fremder, versucht man natürlich jeden Tag 24 Stunden lang, seine mühsam gebildeten Vorurteile über das Ruhrgebiet bestätigt zu finden. Nachdem ich jetzt bald schon zwei Jahre diesem einzigartigen Kulturkreis angehöre, hat sich mein Bild des Pottes und der Pötter endlich einmal mehr nicht bewahrheitet. Es wurde übertroffen.

Der Grund dafür ist, dass alle Raumplaner eine Kneipe aufmachen. Manche, nachdem sie keinen Job finden. Manche auch schon im Semester Numero 4. Und weil das so ist, waren wir an diesem Abend auf Kneipen-Renovierungs-Besichtigungstour in der Stadt, und wurden daraufhin wie vom Schicksal geleitet in eine Kneipe gespült, die verheißungsvoll freundlich »Bei Mutter Köhm« hieß. Es muss Schicksal gewesen sein, denn anders hätten wir kaum den schmalen Eingang zwischen Sexshop und Bahnbrücke finden können.

Und ich nehme stark an, dass wir ohnehin die einzigen waren und bleiben werden, die jemals diesen Eingang erstens wahrgenommen und zweitens auch noch betreten haben. Denn dahinter verbarg sich nichts.

Zumindest nichts, was im entferntesten dem mitteleuropäischen Standard einer herunter gekommenen Kneipe entspricht. Alles war in einem Stil gehalten, der sich allenfalls anhand eines 50er-Jahre-Bürogebäudes umschreiben lässt: Sperrholzplattencharme in Farbe Buche metallic, die Tische abgerundet, vormals eckig, alles so ekelig glänzig furniert, was zu erkennen gewesen wäre, wäre hier nach dem Krieg schonmal geputzt worden.

Womöglich mögen andere Kneipen ähnlich eingerichtet sein, doch diese war auch noch so grell beleuchtet, dass man an dem Grauen einfach nicht vorbei sehen konnte. An der Theke saßen Leute, die aussahen, als gehörten sie zur Einrichtung, der Barkeeper, dessen Lebensgeschichte ich lieber nicht erfahren will, stand stolz und einarmig dahinter, und durch herunterhängende Backen plusterte er unverständliche Worte in hoher, heiserer Stimme. Hinter ihm schmückte ein Regal im Stile eines Setzkastens den schlauchförmigen Raum. Alles, was einmal ein Gartenzwerg werden will, war darauf ausgestellt. Weil fürs Bier trotzdem Platz sein muss, waren im Raum verteilt die Kisten aufgestapelt.

Wir setzen uns.

Meine Annahme, dass wir die ersten Menschen waren, die jemals diese schmale Tür betreten hatten, fand ich darin bestätigt, dass uns jeder der zur Einrichtung gehörenden Gäste aus Begeisterung eine Runde spendiert hatte, noch ehe wir die Chance hatten, eine Bestellung aufzugeben.

Das hatte einen großen Vorteil: Man ertrug die Carolin-Reiber-Musik aus der Music Box im Suff deutlich leichter.

Es hatte aber einen entschieden größeren Nachteil: Man musste schneller aufs Klo.

Ich ging also auf die Tür zu, auf der das berühmte Männlein aufgemalt war. Dahinter tat sich ein langer, schmaler Gang auf. Ich ging ihn nach hinten bis zu einer weiteren Tür. Dahinter befand sich etwas, das ich im Folgenden hilfsweise ›die Toilette‹ nennen werde. Die Tür zu diesem Raum ließ sich nicht schließen, da sie selbst im angestrebten Zustand eine Ausformung von fünfzig Zentimetern offenbarte. Doch ich hätte auch nie im Leben versucht, sie zu schließen, aus purer Furcht, sie nicht mehr öffnen zu können und vor Ekel zu sterben.

Ich überlegte, ob ich zunächst mein Bedürfnis befriedigen sollte und mich dann übergeben oder andersrum. Ich entschied mich in erster Linie dazu, mich zu beeilen. Hätte ich nämlich so lange gebraucht, bis der nächste IC über »Bei Mutter Köhm« hinweggedonnert wäre, wäre ich in durch die Erschütterung in eine Wolke aus Staub und Putz und Fäkalien geraten, die keinem Horrorfilm standgehalten hätte. Zumindest malte ich mir dieses Szenario bildhaft aus angesichts des quadratmetergroßen, zugedreckten Lüftungsgitters und den unzähligen Löchern in der Wand. Ob ich wirklich meine Notdurft verrichtete oder gleich wieder nach draußen stürmte, vermag ich nicht mehr zu sagen (der Klodeckel, welcher in der Ecke lehnte, ist unter diesen Umständen nur eine Klammerbemerkung wert). Auf dem Weg zurück in die Freiheit bemerkte ich jedenfalls gerade noch das in die Wand gemeißelte Pissoir in dem Bereich, den ich zunächst für einen Gang gehalten hatte.

Ich ertränkte meinen Schock mit den nächsten Runden, die uns ausgegeben wurden, und tröstete mich mit den bleichen Gesichtern meiner Begleiter, wenn auch diese erstaunlich schnell von der Herrentoilette zurückkehrten.

So fühlten wir uns zunehmend heimisch in der Kneipe, beobachteten genüsslich die zur Einrichtung gehörenden Gäste beim allabendlichen, intergenerativen gegenseitigen Anbaggern, gaben schließlich auch der Music Box einen etwas zeitgenössischeren Touch, worauf die Lokalrunden ein jähes Ende fanden, zahlten schließlich keinen Pfennig und lallten uns irgendwann gegen Morgen zurück ins Freie und in die beschauliche studentische Welt.

Ach ja, warum ich über den Lebenslauf des einarmigen Kneipenwirtes lieber nichts wissen wollte: Ich befürchtete, er hätte ein Raumplaner sein können.

Das was dazwischen liegt und immer Verspätung hat I

Es ist eigentlich ein Wunder, vielleicht auch eine Unverschämtheit meinerseits, dass ich so viel, sagen wir, Kompetentes über Schwaben und den Ruhrpott zu erzählen habe. Schließlich habe ich die kürzeste Zeit meines Lebens wirklich dort verbracht. Die meiste Zeit verbrachte ich dazwischen.

Aber Vorsicht, wer jetzt meint, mit Geographie-Kenntnissen prahlen zu können, wird sich wundern. Denn entgegen der landläufigen wissenschaftlichen Meinung, zwischen Schwaben und dem Ruhrpott liege Baden oder das Sauerland, worin ich ohnehin keinen Unterschied sehe, nein, entgegen

dieser veralteten Meinung muss ich vermerken: Zwischen Schwaben und
dem Ruhrpott liegt die Deutsche Eisenbahn. Und das unausweichlich.

Mit der Bahn in den Pott

›Unternehmen Zukunft‹ nennt sie sich stolz, die Deutsche Eisenbahn.
Das bedeutet: Man kommt überall hin, wo man möchte. Aber halt erst in
ferner Zukunft.

Meine Anreise nach Dortmund nach den Weihnachtsferien begann damit, dass ich einen Tag länger zu Hause blieb, um überfüllte Züge zu mei-
den.

So stieg ich erst am 7. Januar quasi mit 15 Stunden Verspätung in einen
dennoch überfüllten Zug. Die Überfüllung des Zuges führte leider zu einer
leicht verzögerten Reisegeschwindigkeit in minderen Komfortzuständen.
Am Nordbahnhof zogen Bundesgrenzschützler 100 Leute wegen Überfüllung aus dem wirklich überfüllten Zug, der wegen Überfüllung nicht mehr
fahren konnte. Darunter auch ich.

Ich nahm die S-Bahn nach Stuttgart-Hauptbahnhof zurück und stieg
mit 16 Stunden Verspätung wiederum in einen überfüllten Zug. Dieser Zug
war so überfüllt, dass Bundesgrenzschützler am Nordbahnhof 200 Leute
aus dem Zug zogen, nur eben diesmal nicht mich. Die Reisegeschwindigkeit wurde dadurch aber auch nicht höher, so dass wir schon eine Verspätung von vier Stunden 22 Minuten, also insgesamt 19 Stunden 22 Minuten
angehäuft hatten, als kurz vor Remagen der Zug kaputt ging.

Der Zugchef sagte:»In zehn Minuten kommt eine neue Lok.«

Nach zwei Stunden und zehn Minuten sagte er:»Es kommt wohl keine
neue Lok.«

Mit 21 Stunden 32 Minuten Verspätung verließen die Leute den überfüllten Zug und stiegen in einen anderen Zug, der bereits überfüllt in Remagen
ungeplant Zwischenstation machte. War dieser Zug dann überfüllt!

Die Überfüllung des Zuges hemmte wie immer seine Reisegeschwindigkeit, aber es gab keine Bundesgrenzschützler, und sie hätten sich hoffentlich auch nicht getraut, uns aus dem Zug zu werfen. Als der Zug in Köln
einfuhr (1 Tag, 2 Stunden 43 Minuten Verspätung), war es stockfinster,
weil der Bahnhof schon geschlossen hatte.

Der Zugchef sagte:»Dieser Zug endet hier.«

Die Ausgänge des Bahnhofs waren versperrt, damit keine Obdachlosen Obdach bekamen.

Die ehemaligen Insassen des ehemaligen überfüllten Zuges suchten sich Ecken zur Nachtruhe.

Morgens kamen dann Bundesgrenzschützler und steckten die ehemaligen Insassen des ehemaligen überfüllten Zuges in überfüllte Zellen, in denen sie normalerweise Leute wegsperren, die Obach suchen.

Da die Bundesgrenzschützler nicht gleich merkten, dass es sich hier nicht um Menschen handelte, die ein Obdach suchten, sondern um welche, die nach Dortmund wollten, gestaltete sich der weitere Reiseverlauf äußerst zäh.

Als wir den Kölner Bahnhof wieder betreten durften, hatte die Reisegesellschaft 3 Tage, sechs Stunden und 12 Minuten Verspätung.

Und hier beginnt die heiße Phase des Endspurts. Von Köln aus gibt es mannigfaltige Möglichkeiten, um nach Dortmund zu kommen, und die Kunst ist es, die schnellste auszuwählen. Ich entscheide mich für den Intercity über Duisburg und habe Glück im Unglück. Natürlich hat der Zug Verspätung, aber er geht immerhin nicht in Flammen auf.

Zwischen Essen und Bochum finde ich keine Ruhe mehr. Was sich in meinem Kopf an Gedanken hin und her und wild durcheinander schmeißt, ist nahe an der Chaosforschung. Wieder und wieder gehe ich meinen inneren S-Bahn-Fahrplan durch. Fährt der Zug mit ein bisschen Verspätung in Bochum ein, fahre ich besser weiter, um in Dortmund eine erträgliche S-Bahn zu erreichen, hat der Zug aber ein bisschen mehr Verspätung, steige ich doch schon in Bochum aus, da ich die S-Bahn in Dortmund auch verpassen würde und damit langsamer wäre usw.

In meinem Kopf habe ich bereits eine ausgetüftelte Tabelle angelegt, als der Zug in Bochum einfährt. Ich rechne. Sitzenbleiben. Aufstehen. Sitzenbleiben. Der Zug hält mit 3 Tagen, 7 Stunden, 4 Minuten und 13 Sekunden Verspätung, ein Grenzfall zwischen Bleiben und Gehen. Ich wähle das größere Risiko – auf diese paar Stunden kommt es nun nicht mehr an –, springe auf, hechte aus dem Zug, fliege die Treppen hinunter, die Treppen hinauf und verpasse die S-Bahn. Unfassbar: Sie war pünktlich.

Die nächste hat natürlich wieder Verspätung, und an der Uni beginnt das Rechenspiel von vorne. Nehme ich den Bus oder laufe ich? Wann bin ich schneller? Wie pünktlich ist der Bus?

Ich laufe, weil ich auf dem Weg dann gleich noch einkaufen kann. Nach dreieinhalb Tagen möchte man doch mal wieder etwas Essbares in den Mund nehmen und nicht immer nur die Kordel des Kapuzenshirts, welches man in der Verzweiflung schon aufessen wollte.

Nach dem Einkauf passiere ich eine Bushaltestelle und halte ein letztes Mal inne, ehe ich das Ziel meiner Odyssee erreicht haben werde. Kommt der Bus noch? Laufe ich? Warte ich? Laufe ich? Nachdem der Bus drei Minuten über die Zeit ist, laufe ich.

Und wieder liege ich falsch. In dem Moment, in dem ein Zurückspurten unmöglich wird, biegt der Bus um die Ecke. Wenig später rauscht er an mir vorbei. Die Leute, die am Wohnheim aussteigen, belege ich aus der Ferne mit grimmigsten Blicken, obwohl die ja nichts dafür können.

Mit allerletzten Kräften erreiche ich schleppend und kriechend mit 3 Tagen, 7 Stunden, 56 Minuten und 48 Sekunden Verspätung meine Wohnungstür.

Den nächsten Zug muss ich wohl wieder nach Hause nehmen, wenn ich nächste Weihnachten pünktlich daheim sein möchte.

Wieder raus aus dem Pott

Studieren ist ja schön und gut, aber das eine oder andere Mal möchte man auch wieder seine lieben Verwandten und Bekannten und Freundinnen (stilistische Mehrzahl) sehen. Da es aber schlicht nicht kostenlos ist, Entfernungen zu überbrücken, hat man verschiedene Möglichkeiten:

1.) Man trampt und wird ausgeraubt und landet wegen mangelnder Ortskenntnis in Thailand oder Südaustralien.

2.) Man fliegt. 25,- DM von Dortmund nach Stuttgart. Billig und schnell. Aber nichts für einen Fundi.

3.) Man kauft eine reguläre Bahnfahrkarte, nachdem man entweder eine Bank ausgeraubt oder das Eigenheim der Eltern der Studienkollegin verkauft hat.

4.) Man erkundigt sich bei der Eisenbahn nach Sonderangeboten:
»Ich würde gerne billig nach Blaubeuren kommen.«
»Wunderbar! Wir haben eine Menge Sonderangebote! Da ist bestimmt was für Sie dabei! Wie wär's etwa mit einem Guten-Abend-Ticket?«
»Na prima.«

»Kostet nur 59,- DM. Sollten sie freitags fahren, allerdings 74,- DM und im ICE 84,- DM.«

»Gut. Ich nehme trotzdem eines.«

»Nur hier geht das leider nicht. Sie müssen am Tag der Abfahrt ab 19 Uhr das Ticket lösen, und zwar an dem Ort der Abfahrt. Nein, im Zug lösen geht natürlich nicht.«

Freitag, 19 Uhr, Essen Hauptbahnhof.

»Bitte ein Guten-Abend-Ticket. Aber schnell. Mein Zug geht in einer Minute.«

»Hier, bitte, mein Herr. Macht 84,- DM. Nur leider können Sie damit nicht fahren. Sehen Sie her. Dieser Passus besagt, dass das Ticket automatisch ungültig wird, sobald es an einem Tag von einem oder mehreren Fahrgästen gelöst wird. Das ist, damit die Züge nicht zu voll werden.«

»Ah, das sehe ich natürlich ein. Und der Zug ist eh weg. Haben Sie denn sonst noch Sonderangebote?«

»Aber natürlich! Nehmen Sie doch den Supersparpreis! Speziell bei Fahrten übers Wochenende! Hin und zurück für 79,- DM und zu zweit für nur 115,- DM! Wenn das nichts ist! Einzige Bedingung: Sie müssen am Zielort bequem in den Comfort-Hotels der Deutschen Eisenbahn übernachten. Da liegen die Preise so etwa bei 500 Mark die Nacht im Achterzimmer. Aber nageln Sie mich nicht fest.«

»Hm. Vielleicht passt ja was anderes besser auf meine Bedürfnisse...«

»Sie können natürlich auch den Supersparpreis Schweiz nehmen.«

»Schweiz?«

»Ja, Sie fahren einfach für 79,- Mark nach – sagen wir mal – Basel. Von dort aus mit dem Wochenend-Ticket nach Blaubeuren und das ganze zurück. Wären zusammen supergünstige 114,- DM für sage und schreibe 26 Stunden Zugfahrt. Ein nicht zu überbietender Preis!«

»Aber eine zu unterbietende Zeit...«

»Dann kann ich Ihnen nur den Studenten-Sprinter-Pass empfehlen.«

»Hört sich gut an.«

»Ist auch gut. Gegen Vorlage des Internationalen Studentenausweises, ihrem Abiturzeugnis, ihrer Geburtsurkunde, der letzten Hausarbeit, einem Ärztlichen Attest und einer Beurteilung durch den Dekan können Sie ins Bewerbungsverfahren aufgenommen werden und mit etwas Glück in zwei Jahren eine Netzkarte für 200,- DM im Monat erhalten.«

»Wahnsinn!«

»Sie verpflichten sich allerdings, zweimal die Woche nach Hause zu fahren und während der Fahrt Broschüren der Deutschen Eisenbahn zu verteilen und für Sauberkeit im Zug zu sorgen.«

»Gibt's auch was Machbares?«

»Machbar, machbar... Alles kein Problem für flexible junge Leute. Zum Beispiel der Mosambik-Sparpreis! Für 15,- DM über Mosambik nach Blaubeuren. Zwischendrin kurz drei Monate Entwicklungshelfer...«

»Bitte?«

»Oder der Mitfahrer-Preis. Für 55,- DM und Koffertragen. Mit etwas Glück finden Sie nach drei, vier Versuchen jemanden, der nach Ulm fährt!«

Räuspern.

»Dann das Interrail-Zusatzticket. Preiswertes Reisen in leeren Zügen. Sie fahren, und wir sagen, wohin. Nein? Dann das Schlecht-Wetter-Ticket? Den Sibirien-Supersparpreis? Das Hunde- und Katzen-Mitnehm-Ticket? Den Fernfahrer- und Kfz-Mechaniker-Tarif mit kleineren Reparaturen während der Fahrt? Oder...«

»Danke. Danke. Ich habe mich bereits entschieden. Ich nehme eine normale Fahrkarte. Aber vorher lache ich mir eine Studentin an und verkaufe das Eigenheim ihrer Eltern.«

Im Kleinkindabteil

Wer mit der Deutschen Eisenbahn unterwegs ist, hat in der Regel zwei Komfortklassen, unter denen er allerdings nicht frei wählen kann: Entweder er kommt eine Woche zu spät, oder er steht im Gang, die Nase an der Scheibe plattgedrückt, und in dem winzigen Spalt zwischen ihm und der Abteiltür ein Zwei-Zentner-Vielfraß im kratzigen Naturwoll-Pullover und läusehaltigem Vollbart, der genauso wie der Pulli und der gesamte Körper seit der 68er-Revolution nicht mehr gepflegt worden war. Jetzt lernte ich unverhofft eine dritte Komfortklasse kennen: das Kleinkindabteil.

Die Schwemme an Studenten mit Sporttasche schwemmte mich vor ein fast leeres Abteil, dessen kleine weiße Zettel in den Reservierungsfeldern besagten, es handle sich um ein Kleinkindabteil. Das Kleinkindabteil unterschied sich von einem gewöhnlichen überalterten Intercityabteil zweiter Klasse durch nichts weiter als eben diese kleinen weißen Zettel.

Ich ließ mich bereitwillig hineinschwemmen und nahm den vierten von sechs Sitzen in Beschlag. Direkt hinter mir drückte sich eine junge Dame durch die Tür und nahm gegenüber Platz. Die insgesamt fünf jungen Abteilinsassen einigten sich schnell darauf, dass die Gefahr einer Kleinkindinvasion um 21 Uhr nachts sehr gering sei und fühlten eine warme Gemeinschaft aufsteigen, auf dem Gefühl gründend, der anschwellenden Masse an Naturwollpullis auf den Gängen entflohen zu sein.

Die Gemeinschaft hielt bis zum Piepsen der Türen. Just zu diesem Zeitpunkt drückte eine junge Mutter mit einem der Bezeichnung Kleinkind genügenden Jungen in der Hand ihre Nase durch die Tür und fragte:»Ist das nicht das Kleinkindabteil?«

Die Gemeinschaft schmolz binnen Sekunden von fünf auf vier Personen, wurde aber um so verschworener und bündelte sich in finsteren Blicken auf die Frau, die als letztes das Abteil aufgesucht hatte. Ihr Hals wurde merklich kleiner, sie verschwand flugs mit einem entschuldigenden»Entschuldigung«, und der Rest der Gemeinschaft war froh darüber, diese kurze Krise ohne Einbußen in der Komfortqualität überstanden zu haben. Diese Einschätzung sollte sich aber, kaum dass sie gedacht war, als falsch erweisen, sagte doch die junge Mutter, noch ehe sie Platz genommen hatte:»Sie brauchen jetzt starke Nerven.«

Wir lachten und lachten auch noch, als der kleine Tolpatsch auf unseren Füßen rumtrampelte beim Versuch, mit seinem Mini-Zoo zu spielen, sämtliche Armlehnen gegen zaghaften Widerstand der Armlehnen-Benutzer mit Vorliebe in sein Spiel einband, kurzum, das Abteil gut unterhielt. Dann wurde der Junge müde und sollte schlafen. Und jeder weiß: Kleine Kinder, die schlafen sollen, aber nicht schlafen können oder wollen, werden quengelig, weinerlich, alles mögliche und zuletzt unausstehlich.

Der erste Fehler war, dass mein Sitznachbar gerade eine Flasche Fanta öffnete.

»Das will ich auch«, piepste es postwendend von Gegenüber. Ging aber nicht – die Flasche war gerade geleert worden. Dennoch piepste es unverdrossen:»Ich will auch. Ich habe Durst! Faaaantaaaaa!«, so dass sich letztlich mein Sitznachbar bereiterklärte, sich trotz Naturpulliallergie durch den Gang zu drücken, um eine Flasche Fanta für den Kleinen zu besorgen.

Der Aufwand und die Kosten hatten sich unzweifelhaft gelohnt. Der Junge war zwei Sekunden lang ruhig.

»Es ist zu hell! Das Licht blendet! Ich kann nicht schlafen!« Ohne einen Hauch von Protest knipsten alle das Licht aus, klappten ihre Bücher, die allesamt gerade an der spannendsten Stelle waren, zu, legten ihre Köpfe zur Seite und schliefen unverzüglich ein. Nur einer, der jüngste Fahrgast, brüllte:»Es ist zu dunkel! Ich habe Angst!«, und jagte seine Mitfahrer aus den kurzen Träumen. Und weil wir einen Augenblick zu spät reagierten, um das Licht wieder anzumachen, sprang der kleine Bengel von selbst auf, schrie und weinte und schlug nach den Lichtschaltern, wobei seine Mini-Zoo-Schachtel aus dem Gepäckfach fiel und sich 213 Mini-Zoo-Tiere auf dem Abteilboden verteilten.

Das Schreien jaulte auf zu ungeahnten Dimensionen, und keinen Wimpernschlag später lagen vier gerade noch völlig unbeteiligte Intercity-Reisende auf dem dreckigen Fußboden und sammelten Mini-Zoo-Tiere ein, das 213. fanden sie erst kurz hinter Worms, nachdem sie das Gitter vom Lüftungsschacht abgeschraubt hatten.

Durchatmen.

Der Junge hatte sich ans Dunkel nun gewöhnt, wir hingegen an den Umstand, dass diese Fahrt keine gewöhnliche Zugfahrt war, was wir wenig später bestätigt fanden, als die junge Mutter wie selbstverständlich unsere Jacken abnahm, um ihr Kind zuzudecken. Wir lächelten bereitwillig, schließlich hatte sie als einzige Kleinkindbegleiterin im Kleinkindabteil gewisse Vorrechte. Und schließlich entschuldigte sie sich für jeden einzelnen Nuckel-Sabber-Flecken im Futter mit einem aufmunternden Blick.

Der Junge aber wollte nicht schlafen können, weil ihm der Platz zwischen Mami und Hotelfachfrau zu klein und überhaupt nicht wie das hellblaue Bettchen mit dem großen Bild vom Bär darüber zu Hause vorkam, was in ihm den Entschluss reifen ließ, diesem eklatanten Platzmangel durch einen gezielten Tritt in den Magen der Hotelfachfrau Ausdruck zu verleihen.

Kleiner Trost: Die Nuckel-Sabber-Flecken fielen gegenüber den Sprenkeln von durch die Hotelfachfrau Erbrochenem deutlich ab.

Die Jacken wurden auf den Gang gehängt, wo sie neben den 68er-Pullis und -Bäuchen kaum auffielen, das Kindchen nun mit unseren restlichen warmen Sachen warmgehalten, was uns kaum störte. Uns fröstelte auch nicht, denn wir saßen nun ohnehin zu viert auf unserer Seite, damit der Bub endlich schlafen konnte, und er schlief.

Leider gehörte er zu der Gattung von Kleinkindern, die während des Schlafens sehr plötzliche und wesentliche Ortsveränderungen vornehmen, und so musste ich einmal erstens reaktionsschnell sein und zweitens todesmutig, um den Kleinen vor einer unsanften Landung auf dem mittlerweile von unseren Hosen gesäuberten Boden zu bewahren.

Die Mutter bedankte sich, jedoch noch schneller hatte sie den Platz, auf dem ich gerade noch gesessen hatte, zu einer durchgehenden Liegefläche für ihren Schatz umfunktioniert. Und dasselbe hatte sie dem Anschein nach auch mit den beiden anderen Sitzen vor.

Das Bild strotzt nur so vor Idylle: Der Schnellzug rattert unter der Loreley den Rhein entlang durch die stille, friedliche Nacht. Im Abteil ist die Beleuchtung auf ein Minimum reduziert. Tiefe Ruhe hat sich ausgebreitet auf der roten Liegefläche, auf der ein kleiner Junge in seinen Kinderträumen steckt und sich selig hin und her wälzt und sich abwechselnd in mein graues Sweatshirt und in meines Nachbars blaues Sakko lullt und sich fühlen muss wie der Prinz aus seinem Märchenbuch.

Und in den Gepäcknetzen sitzen vier junge Menschen, Studenten und Hotelfachfrauen, lassen entspannt die Beine baumeln, verrenken sich den Nacken an der niedrigen Decke, planen schon den Termin beim Masseur, lachen sich ein Lächeln zu, das von spontaner Gemeinschaft zeugt, und wenn sie auf den Gang raus schauen, wissen sie, dass alles noch viel schlimmer hätte kommen können.

Das was dazwischen liegt und immer Verspätung hat II

›Flexibilität‹ ist mein persönliches Schlagwort der Neunziger, und weil das Jahrtausendende so nahe ist, sage ich gleich vermessen: Es ist mein Schlagwort des Jahrtausends. Gemeint ist damit die Lösung aller Probleme, wobei ich anmerken muss, dass Volksmund und Politik unter ›allen‹ Problemen in der Regel wirtschaftliche verstehen. Was ›Flexibilität‹ oder noch wissenschaftlicher ›Variabilität‹ so ganz genau ist, konnte mir aber leider noch niemand erklären. Ich bezweifle ja, dass es überhaupt jemanden gibt, der die Bedeutung kennt. Die Deutsche Eisenbahn jedenfalls kennt sie bestimmt nicht. Und versucht sich trotzdem daran.

Variable Preise

Die Deutsche Eisenbahn rechnet in diesem Jahr mit einem deutlichen Anstieg der Fahrgastzahlen. Das ist nicht irgendwie utopisch, sondern gut begründet, schließlich unternimmt die Eisenbahn alles, um ihren Kunden den bestmöglichen Service zu bieten. Die jüngst eingeführten Abenteuer-Zuschläge waren nur eine logische Folge der Service-Offensive für mehr Unterhaltung während der Fahrt. Und außerdem: Die Fahrgäste durften doch zuletzt immer häufiger besonders lange für dasselbe Geld im Zug sitzen bleiben! Wer will da noch über kleine Preisaufschläge meckern.

Die Deutsche Eisenbahn wäre aber nicht die Deutsche Eisenbahn, wenn sie sich auf bereits eingefahrenen Lorbeeren ausruhen würde. Nein, niemand käme auf diese Idee! Im Gegenteil: Bald schon soll der sogenannte flexible Tarif eingeführt werden. Er funktioniert nach dem Erziehungsprinzip. Bedeutet: Fahre ich, wenn alle fahren, nehme ich einen Kredit auf und zahle einen riesen Batzen Geld. Fahre ich, wenn keiner fährt, nehme ich einen Kredit auf und zahle nur einen mittleren Batzen Geld. Der Sinn davon: Alle sollen fahren, wenn keiner fährt. Klar? Ich kann mir schon bildlich vorstellen, was dann passieren wird.

Ich werde mal wieder nach Dortmund unterwegs sein und natürlich nichts von dem neuen Tarif mitbekommen haben, weil diese Notiz nicht auf den Sportseiten aufgetaucht sein wird. Ich werde nicht der einzige sein, der nur die Sportseiten gelesen haben wird. Also wird der Zug nach Dortmund einmal mehr keine freien Sitzplätze haben, da an diesem Tag wieder Sonntagabend sein wird. Abgesehen von den besetzten Sitzplätzen werden die Gänge mit Leuten voll sein, die keinen Sitzplatz mehr bekommen haben werden, und an den Türen werden sich die Leute zerquetschen, die in den Gängen keine Plätze mehr bekommen haben werden. Ich werde wieder zwischendrin hängen und in unangenehmem Rhythmus die vollautomatische Schiebetür ins Kreuz bekommen.

Das alles werde ich für völlig normal erachten. Als nicht minder normal werde ich den Schaffner einstufen, der sich – wie auch immer das ergonomisch möglich sein wird – laut zählend durch die Einheitsmasse aus Bahnreisenden zaubern wird, aus dem einfachen Grund, dass bei der Bahn einfach nichts mehr zum Wundern ist.

»Dreitausendzweihundertelf. Dreitausendzweihundertzwölf.«
Einige Signalstörungen später wird sich der Schaffner den gleichen Weg wieder zurück zaubern und bei jedem Passagier anhalten. Er wird höflich aber bestimmt sagen: »Fahrkartenkontrolle. So, bitte, wer noch zugestiegen?«

Dann wird er jedem, der noch zugestiegen, erklären, dass er an diesem Tag nicht alleine im Zug ist, was dieser bereits an Atemnot, zertretenen Füßen und einem Rippenbruch erahnt haben wird. Der Schaffner wird ihm sogar ganz konkret klar machen, dass er im Gegenteil nur einer von 4623 Fahrgästen sei (von denen rund 500 einen Sitzplatz haben werden), was außerordentlich bedauerlich sei, vor allem, weil das summa summarum einen Zuschlag von 350,- DM ausmache nach den neuen, bekannten Tarifen.

Ich werde das rechtzeitig hören, werde auf die lächerliche Idee kommen, mich auf der Toilette zu verstecken, bevor ich mich daran erinnern werde, zwischen schwitzenden Rauchern und rauchenden Schwitzern eingekeilt zu sein, werde zähneknirschend einen Kredit aufnehmen und 350,- DM bezahlen und mir schwören, nie wieder Zug, zumindest nicht Sonntag abends, zu fahren.

Ich werde mich von dem Schock erholen, mich schon bald unheimlich clever fühlen angesichts der Vorstellung, mittwochs um fünf Uhr morgens Zug zu fahren und eine Menge Geld zu sparen, werde vor der nächsten Fahrt eine halbe Woche Studium weglassen, mich nachts zum Bahnhof schleppen, einsteigen, in nicht gekannten Menschenmassen stecken bleiben und schlagartig erkennen, dass sich auch die anderen 4622 Fahrgäste geschworen haben werden, nie wieder sonntags Zug zu fahren, sondern lieber mittwochs um Fünf. Ich werde einen neuerlichen Kredit aufnehmen müssen und einen unheimlich riesigen Batzen Geld bezahlen.

Dieses Spiel wird sich in regelmäßigen Abständen wiederholen. Ich werde meinen Lebensrhythmus aufgeben, werde Nachtzüge kennenlernen und Nebenstrecken, werde an Wochentagen fahren, von denen ich noch nie etwas gehört haben werde, werde Umwege in Kauf nehmen und sogar über Sachsen fahren, aber was immer ich auch anstellen werde, um vollen Zügen auszuweichen, ich werde Mal für Mal höchstens einen Schritt in den Zug hineinpassen, da rauchende Schwitzer und schwitzende Raucher den Rest des Platzes für sich in Anspruch genommen haben werden, werde

Kredit für Kredit aufnehmen und Batzen für Batzen Geld abdrücken. Nur weil ich mich für cleverer gehalten haben werde als die anderen, und doch nur haargenau so clever wie die anderen sein werde.

Aber eines Tages, meine Augen funkeln jetzt schon, wenn ich nur daran denke, wenn die Bank alles verpfändet haben wird, was ich heute noch besitze, dann nämlich werde ich zum ersten und einzigen Mal in meinem Leben meinen einzigen Schwur brechen, den ich jemals geschworen haben werde, und ich werde sonntags, und zwar abends, zur besten Zeit, nach Dortmund fahren, und ich werde den ganzen Zug für mich haben und werde mich austoben können wie ein Kind, und der Schaffner wird verbittert auf »eins« zählen, seinen Taschenrechner zücken, mir ratlos aufgerundet einen Pfennig aus der Tasche ziehen, für den ich keinen Kredit aufnehmen werden muss, und ich werde wieder ausgesöhnt sein mit der Bahn, für den einen Tag. Immerhin.

Variable Plätze

Bahnfahren ist heute kinderleicht. Für jeden die passend zugeschnittene Fahrkarte, und damit es noch komfortabler ist, kann man gleich eine nette Reservierung für einen Fensterplatz mitkaufen. Man steigt an der richtigen Stelle ein, da die Wagen schön numeriert sind, geht zu seinem frei gehaltenen Platz und setzt sich ans schöne große Fenster. So einfach geht das! Nur eines, eines, das ist noch einfacher: im Lotto zu gewinnen.

Mein Zug-Tagebuch. Klappe 1.

Ich stehe. Ich hatte mir zwar eine Reservierung besorgt, doch der Wagen, in dem die Reservierung sein sollte, war nicht angehängt. »Ausnahmsweise«, sagte der Schaffner.

Klappe 2.

Ich stehe. Ich hatte zwar eine Reservierung, aber der Wagen, in dem die Reservierung sein sollte, war wieder nicht angehängt. Ich beklagte mich, und der Schaffner sagte: »Wir haben die Reservierungen des fehlenden Wagens auf die anderen Wagen verteilt. Schauen Sie einfach nach Reservierungen, die auf Sie passen. Wenn jemand keine Reservierung hat, muss er aufstehen.« Alle hatten eine Reservierung.

Klappe 3.

Ich sitze. Auf meinem Koffer. Ich hatte zwar eine Reservierung, aber auf dem Platz saß schon ein Herr. Der hatte genau die gleiche Reservierung wie ich. Der Schaffner schaute die Reservierung lange an und sagte dann: »Das kann ja mal vorkommen.«

Klappe 4. ICE-Ersatzzug namens Ersatz-IC I.

Ich stehe. Viele anderen auch. Es fehlen drei Wagen.

Klappe 5. Ersatz-IC II.

Ich stehe. Diesmal fehlen fünf Wagen.

Klappe 6. Ersatz-IC III.

Ich stehe. Umfallen geht schon nicht mehr. Acht Wagen fehlen.

Klappe 7. Ersatz-IC IV.

Ich stehe. Auf dem Bahnsteig. Diesmal ist die Lok alleine in den Bahnhof eingefahren. Einige klettern aufs Dach. Ich bleibe lieber stehen.

Klappe 8.

Ich stehe. Immerhin im Zug. Die Bahn hat versprochen, immer mindestens drei Wagen laufen zu lassen. Ich hatte zur Vorsicht zwei Reservierungen besorgt, doch beide Plätze waren besetzt.

Klappe 9.

Ich stehe. Auch drei unterschiedliche Reservierungen waren nicht genug. Es gab einen kleinen Disput, aber die konkurrierende Dame hatte schließlich auf ein und denselben Platz gleich zwei Reservierungen vorzuweisen.

Klappe 10.

Ich stehe. Obwohl ich den Kampf angenommen hatte und mir bei unterschiedlichen Bahnhöfen insgesamt sechs Reservierungen auf einen Platz besorgt hatte. Ein Junge saß schon da und wedelte mir sieben Reservierungen entgegen.

Klappe 11.

Ich sitze. Auf dem Schoß eines anderen. Auch nicht besser. Die Bahn hat die Platznummern überklebt. Über »Plätze 51-54« steht nun »Plätze 111-120«, also teilen wir uns zu zehnt vier Sitze.

Klappe 12.

Ich stehe. Und bin froh, überhaupt im Zug zu sein. Der Zug, für den ich 22 Reservierungen hatte, ist nicht gefahren. Dieser hier ist dafür doppelt so voll.

Klappe 13.

Ich sitze. Man lernt ja nie aus. Ich habe mir einfach einen Klappstuhl gekauft. Meine 27 Reservierungen hätten sowieso nichts genutzt.

Klappe 14.

Ich stehe. Die Bahn hat das Reservierungssystem umgestellt. Auf allen meinen 43 Scheinen, die ich bezahlt hatte, stand: »Niete! Leider diesmal kein Platz!«

Klappe 15.

Ich stehe. Wieder auf dem Bahnsteig. Ich war zwar froh, dass die Bahn das geänderte System wieder zurück genommen hatte. Dafür reservieren sie jetzt ganze Züge. Und meiner war schon reserviert. Kostet auch eine Menge Geld.

Klappe 16.

Ich stehe. In der Warteschlange am Schalter. Einen Zug kriege ich vielleicht in vierzehn Tagen. Ich habe jetzt die 18000,- Mark für die Reservierung zusammen. Hoffentlich bekomme ich noch den Zug, den ich wollte, denn für einen Umweg mit zwei anderen Zügen fehlt das Geld. Die Leute vor mir wollen aber auch alle einen Zug reservieren. Hoffentlich komme ich irgendwann noch heim.

Klappe 17.

Ich sitze. In der Provinz fest. Ich hatte zwar zehn Minuten den Zug ganz für mich alleine! Aber der Schaffner hat mich rausgeworfen. Vor lauter Reservieren hatte ich vergessen, eine Fahrkarte zu lösen.

Variable Pünktlichkeit

Auf die einfachsten Ideen kommt man immer erst zuletzt. Und hinterher hat man es dann immer schon gewusst und fragt sich ganz heimlich, warum man nicht schon früher drauf gekommen war.

Auch die Deutsche Eisenbahn hat erst alles andere versucht, um ihre Verspätungen zu beheben. Alles hat entweder nichts gebracht oder ist ergebnislos geblieben. Doch nur ganz wenig war umsonst. So hat etwa der Versuch, jeden Lokführer zu entlassen, dessen Zug unpünktlich war, zu keiner Verbesserung geführt. Auch die Einstellung eines Pünktlichkeitsmanagers, der die Verspätungen addieren und dann durch eine beliebige Zahl größer als eine Milliarde teilen sollte, um in der Öffentlichkeit gut dazustehen, fruchtete kaum. Schließlich schloss man alle Bahnhöfe, sperrte die Fahrgäste aus und hoffte, durch den Wegfall lästigen Ein- und

Aussteigens schneller zu sein. Das Ergebnis schien zunächst grandios. Irgendwo in Mecklenburg-Vorpommern, so munkelte man, sei die Fünfuhrvierzig-Regionalbahn noch innerhalb der Fünf-Minuten-Toleranz-Grenze aus ihrem Depot gefahren.

Nach diesem bundesweiten, durchschlagenden Erfolg auf der ganzen Linie verfolgte die Eisenbahn diese Strategie für die nächsten zehn Jahre weiter. Nachdem allerdings dem Pünktlichkeitsmanager keine Zahl mehr einfiel, die groß genug war, um die Gesamtverspätung im Schnitt auf unter eine Stunde zu drücken und alle Lokführer entlassen worden waren bis auf Henning Jansen aus Mecklenburg-Vorpommern, der nach einer Sechs-Minuten-Verspätung am 27. März 1999 freiwillig seinen Vorruhestand angetreten hatte, musste die Bahn umsteuern.

Und die Idee wurde geboren, auf die man immer erst zuletzt kommt. Nun fahren alle Züge pünktlich. Ich wiederhole: alle. Pünktlich. Ich habe es selbst erlebt auf meiner letzten Fahrt nach Dortmund. Ich stand wie immer an Bahnsteig eins in Ulm und überlegte, wie ich die nächsten zweieinhalb Stunden rumbringen sollte, die der Zug üblicherweise Verspätung hatte. Jeden Augenblick musste so ein Hilfs-Pünktlichkeitsmanager wieder mal versuchen, die Sache herunter zu spielen und sagen: »Einfahrt hat blablabla, Abfahrt *war* 18 Uhr 05.«

Ich wollte die erste turnusgemäße Verspätungsmeldung von fünf Minuten abpassen, ehe ich in den Buchladen verschwinden wollte, doch die Meldung kam nicht. Nicht einmal, als die Uhr auf 18 Uhr 05 schnappte. Ich dachte, oh, der Zug wird doch nicht etwa heute noch kommen? und wartete weiter auf die Verspätungsmeldung. Ich wartete. Und während ich noch so da stand und wartete, wartete ich auf den Zug und die Verspätungsmeldung. Ich wartete und schaute beiläufig zur Uhr, um zu sehen, ob wir noch 1999 hatten, doch was sah ich: 18 Uhr 05. Ich dachte: Schon ein Tag vergangen? Habe ich die Jahrtausendwende verpasst? Ich schaute genauer. 18 Uhr 05. Ich schaute immer wieder, und immer wieder las ich aufmerksam die Zeiger ab, ordnete kleinen und großen Zeiger perfekt zu, erkannte: 18 Uhr 05. Hatte ich einen Zeitflash bekommen? Rasten die Tage nur noch so an mir vorüber? Doch wie sehr ich mich auch anstrengte, ich konnte keine Bewegung in den Zeigern erkennen. 18 Uhr 05. 18 Uhr 05. Zur Abwechslung wartete ich ein wenig. Bis 18 Uhr 05. Dann ging ich warten und kam um 18 Uhr 05 wieder. Nach etwas Warten kam um 18 Uhr 05 dann die

Durchsage: »Auf Gleis eins fährt ein der Eurocity aus Mailand zur Weiterfahrt nach Dortmund über Stuttgartheidelbergmannheimmainzkoblenzbonnkölnduisburg. Abfahrt *ist* 18 Uhr 05. Bitte Vorsicht bei der Einfahrt.« Zum erstenmal pünktlich!

Erleichtert stieg ich ein, weil ich vermutete, dieses eine Mal eine realistische Chance im rechenbaren Bereich auf meine S-Bahn in Bochum zu haben.

An diesem Tag war der Zug sogar etwas schneller als üblich. In Stuttgart sah ich am Gleis nebenan eben noch den 17 Uhr 51-ICE abfahren, und selbst der schien nach der Bahnsteiguhr pünktlich zu sein. Zu meiner Verwirrung zeigte die Uhr am Gleis nebenan bereits unsere Abfahrtszeit: 19 Uhr 11. Wir blieben pünktlich.

In Heidelberg fuhr der Zug ein, die Zeiger der Bahnhofsuhr liefen um die Wette, ich dachte schon wieder, ich befände mich im Zeitflash, doch auch dieser Spuk hatte um 19 Uhr 53 ein aprupter Ende: unsere Abfahrtszeit.

Pünktlich der Zug auch noch in Mainz, Koblenz, Bonn und Köln. Hier konnte man besonders gut alle Bahnsteige überblicken, wobei ich eine Zeitdifferenz von acht Stunden ausmachte. Nun gut. Der Kölner Bahnhof wurde gerade renoviert. Vielleicht hatten die Techniker da was falsch geschaltet.

Und das erste Mal kam ich wenige Bücher später auf die Sekunde genau nach Fahrplan in Bochum an, sang ein Loblied auf die Bahn, fühlte mich als Bahnfetischist ein einziges Mal den Autoliebhaber-Raser-Huper-Bahnfahren-geht-doch-eh-immer-schief-Pessimisten moralisch überlegen und rannte zur S-Bahn, um sie vielleicht gerade noch zu erwischen, und siehe da: das Glück war mir hold. Es war gerade noch 23 Uhr 34, so dass die Bahn jeden Augenblick kommen musste. Sie kam dann auch im Morgengrauen um 23 Uhr 34 pünktlich wie die Bahn, ich war also um 23 Uhr 48 an der Uni, so dass ich noch etwas Schlaf bis zur Vorlesung haben würde.

Doch als ich ankam, war das Wohnheim gerade einer Umgehungsstraße gewichen. Fertigstellungsdatum: Juni 2002.

Variable Ziele

Es ist ja nicht so, dass die Deutsche Eisenbahn sich keine Mühe geben würde, durch – wie das so schön heißt – innovative Maßnahmen Kundenwünschen gerecht zu werden. Und ich bin sicher: Irgendwann klappt das auch mal!

Seit dem letzten Fahrplanwechsel nun versucht die Bahn, mit dem sogenannten bedarfsorientierten Fahrplan neuen Wind ins Geschäft zu bringen. Der bedarfsorientierte Fahrplan funktioniert so, dass man in jeden beliebigen Zug einsteigen kann, und dann stimmen die Reisenden ab, wohin der Zug fahren soll.

Ich war natürlich wieder der letzte, der das mitgekriegt hatte, und so wunderte ich mich auf der letzten Fahrt nach Hause so manches Mal. Und wenn ich mich bei einer Fahrt mit der Deutschen Eisenbahn überhaupt noch wundere, dann muss schon einiges passiert sein!

Der Zug ab Dortmund hatte einmal mehr, sagen wir, einige Zeit Verspätung und war – das ist keine übertriebene Dramatik, sondern Routine – Teil der letzten möglichen Verbindung dieses Tages. Doch für alle Reisenden in Richtung Nürnberg – dazu gehörte ich nicht – hatte der Zugchef tröstende Worte parat. Sie sollten einfach bis Frankfurt-Flughafen-Fernbahnhof (um Irritationen vorzubeugen: der Fernbahnhof ist der wesentliche Bestandteil dieses Wortes, Frankfurt gibt nur die ungefähre und Flughafen die genaue Lage dieses neuen Bahnhofs an) sitzen bleiben, der Anschluß nach Nürnberg würde dort warten. Um das zu bekräftigen, wiederholte der Zugchef den Satz nach jeder siebten Schwelle. Kurz hinter Koblenz schaffte er ihn fehlerfrei. In Mainz hatte er es sich dann anders überlegt: »Unser Zug fährt nun doch über Worms nach Mannheim. Reisende in Richtung Frankfurt-Flughafen-Fernbahnhof und Nürnberg sollen sich bitte mit der S-Bahn durchschlagen.«

Das war der Augenblick, an dem ich mich wunderte. Denn zu diesem Zeitpunkt durchschaute ich die Hintergründe noch nicht.

Auf der Rückfahrt nach Dortmund dämmerte es mir schon, als in Ulm die Zuganzeigen minütlich wechselten. Mal sollte der IC nach Köln, dann nach Frankfurt, schließlich nach Paris und dann wieder nach Münster fahren. Als er einfuhr, stand gerade »Bottrop« auf der Anzeige, warum auch immer.

Ich stieg unverdrossen ein.

Als der Schaffner meine Fahrkarte kontrollierte, versicherte er sich freundlich: »Nach Dortmund?«

Ich bejahte, denn ich gehöre nicht zu den Leuten, die sich eine Karte nach Berlin kaufen, um dann zu versuchen, damit nach Rom zu kommen. Daraufhin notierte der Schaffner in seinem Büchlein ›Dortmund‹ und murmelte:»Fünfundzwanzig«.

Einige Zeit später meldete sich der Zugchef zu Wort:»Meine Damen und Herren, wir fahren heute über Köln und halten auch in Neulich-Steinschlag-Strandpromenade.«

Ungläubiges Staunen.

Auf dem langwierigen Kampf über diverse Nebenstrecken nach Neulich-Steinschlag-Strandpromenade hatte der Schaffner genügend Zeit, mir einige brennende Fragen zu beantworten, und so erfuhr ich, dass er beim Durchzählen eine knappe Mehrheit für das Fahrtziel Köln gezählt hatte und gleich dahinter auf Platz zwei Neulich-Steinschlag-Strandpromenade. Der Grund: Zahllose kichernde Teens aus La-La-Strandlala aufgrund einer zu Ende gehenden Klassenfahrt.

Ich sah mich schon in Köln auf dem Bahnsteig enden, unterlag dabei aber einem statistischen Trugschluss. Denn nachdem alle Steinschläger Teens und alle ollen Kölner den Zug verlassen hatten, gab es plötzlich eine deutliche Mehrheit für Dortmund. Ich war selten so reibungslos dort angekommen.

Doch während die Fahrt in die»Weltstadt« (Zitat) Dortmund bei diesem System recht einfach weil üblich ist, gestaltet sich die Rückfahrt in das etwas kleinere Weltstädtchen Blaubeuren schon schwieriger.

Bis Duisburg waren die Mehrheitsverhältnisse sehr wechselnd, doch dann geschah die Katastrophe in Form einer desorientierten Rentnergruppe, die ausgerechnet in diesem Zug nach Amsterdam wollte. Ich versuchte noch, die anderen Reisenden auf ein einheitliches Reiseziel einzuschwören, doch da diese sich nicht einigen konnten, gewann Amsterdam mit schwachen 5,8 Prozent, und der Zug machte in aufwendigem Manöver Kehrt.

Ich stieg fatalerweise in einem Anfall von Panikreaktion in Utrecht aus. Dort gab es wochenlang nur Mehrheiten für irgendwelche Fahrten nach Paris oder in die Holländische Provinz. Erst als die Rentnergruppe in Amsterdam jedes Café geleert hatte und nach Duisburg zurück wollte, konnte ich wieder nach Deutschland gelangen, und dann auch über Hamburg, Berlin, Spandau, Friedrichstraße, Potsdam, Spandau, Potsdam, Spandau, Potsdam, Spandau, Potsdam, Dresden und Nürnberg (über Kassel) nach Ulm. Dort hatte ich die große Aufgabe, eine Mehrheit für die Fahrt nach Blaubeuren zusammenzubekommen. Tagelang lief ich werbend durch den Bahnhof, aber nie schien es zu reichen. Doch dann ergriff ich eine günstige Gelegenheit: Ich kaperte einen IC, der gerade abgestellt werden sollte, sagte als einziger vorhandener Fahrgast trocken »Blaubeuren« und fuhr hocherhobenen Hauptes, mir einen Kindheitstraum erfüllend, im Intercity in Blaubeuren ein.

Variabler Bahnhof

Auf den meisten deutschen Bahnhöfen bestimmen automatisierte Durchsagen das Geschehen. Bei der Abfahrt des Zuges immer dasselbe monotone »Meine Damen und Herren auf Gleis 2. Ihr Zug fährt jetzt ab. Türen schließen selbsttätig. Bitte Vorsicht bei der Abfahrt.«

Anders in Hamburg.

MÄNNERSTIMME: Meine Damen und Herren auf Gleis 7b. Ihr Zug fährt jetzt ab. Türen schließen selbsttätig. Bitte Vorsicht bei der Abfahrt.

MÄNNERSTIMME *(lauter)*: Auf Gleis 7b. Vorsicht bei der Abfahrt!

MÄNNERSTIMME: Meine Damen und Herren auf Gleis 7b. Bitte steigen Sie ein! Türen schließen. Und Vorsicht!

MÄNNERSTIMME: Meine Damen und Herren auf Gleis 7b. Bitte steigen Sie nun ein. Begleitpersonen bitte nicht einsteigen. Ich wiederhole: Keine Begleitpersonen in den Zug. Und nutzen sie alle Türen. Bitte alle Türen benutzen!

MÄNNERSTIMME: Meine Damen und Herren auf Gleis 7b. Ihr Zug fährt nun endlich ab. Bitte Vorsicht an den Türen und bei der Abfahrt des Zuges.

MÄNNERSTIMME: Meine Damen und Herren auf Gleis 7b. Bitte gehen Sie etwas zurück. Wir sehen so nicht, ob der Zug abfahrtbereit ist. Bitte gehen Sie zurück.

MÄNNERSTIMME: Meine Damen und Herren auf Gleis 7b. Die Abfahrt Ihres Zuges verzögert sich um wenige Minuten.

MÄNNERSTIMME: Es fährt nun erst der Zug auf Gleis 7a ab. Meine Damen und Herren auf Gleis 7a. Bitte steigen Sie ein. Ihr Zug fährt jetzt ab. Türen schließen selbsttätig. Bitte Vorsicht bei der Abfahrt.

Zug fährt ab.

MÄNNERSTIMME: Nun wieder zu Ihnen, meine Damen und Herren auf Gleis 7b. Ihr Zug fährt nun wirklich ab. Bitte Vorsicht undsoweiter.

MÄNNERSTIMME: Meine Damen und Herren auf Gleis 7b. Wegen eines technischen Defekts kann Ihr Zug heute leider nicht abfahren. Die nächste Reisemöglichkeit nach Lübeck mit Regionalexpress um 13.45 Uhr auf Gleis 5.

MÄNNERSTIMME: Kleiner Scherz.

MÄNNERSTIMME: Wenn Sie auf Gleis 7b nun vielleicht endlich abfahren wollen? Auf Gleis 7b soll nämlich in wenigen Minuten einfahren der Interregio aus Kiel zur Weiterfahrt nach Gelsenkirchen über Bremen, Münster, Recklinghausen. Abfahrt 13.16 Uhr. Nächster Halt Ihres Zuges ist Hamburg-Harburg. Aber nur für den Fall, dass der Zug auf Gleis 7b nun endlich verschwindet.

FRAUENSTIMME: Achtung, eine Suchdurchsage. Gesucht wird Lokführer Nr. 31756. Sie werden gebeten –

MÄNNERSTIMME: Meine Damen und Herren auf Gleis 7b. Falls Sie das noch nicht getan haben, steigen Sie ein, Ihr Zug fährt jetzt ab. Bitte Vorsicht.

FRAUENSTIMME: – sich zur Lokomotive auf Gleis 7b zu begeben und Ihren Dienst anzutreten.

MÄNNERSTIMME: Was soll das heißen?

FRAUENSTIMME: Ich wiederhole: Lokführer Nr. 31756. Umgehend zu Gleis 7b und Dienst antreten!

MÄNNERSTIMME: Meine Damen und Herren auf Gleis 7b. Ihre Abfahrt verzögert sich erneut, sagen wir mal: aus betriebstechnischen Gründen.

MÄNNERSTIMME: Meine Damen und Herren. Bitte steigen Sie aus und schieben Sie Ihren Zug auf mein Kommando nach Gleis 7a, damit auf Gleis 7b der Interregio aus Kiel zur Weiterfahrt nach Gelsenkirchen über Bremen, Münster, Recklinghausen einfahren kann.

MÄNNERSTIMME: Jetzt schieben!

MÄNNERSTIMME: Auf Gleis 7a fährt in wenigen Minuten ein: Regionalexpress von Gleis 7b zur Weiterfahrt nach Lübeck. Abfahrt war 13.01 Uhr. Bitte Vorsicht bei der Einfahrt.

MÄNNERSTIMME: Meine Damen und Herren auf Gleis 7a. Die Einfahrt Ihres Zuges verzögert sich um wenige Minuten, da niemand bereit ist, den Zug zu schieben.

FRAUENSTIMME: Achtung, eine Suchdurchsage. Gesucht wird irgendein Lockführer. Sie werden gebeten, den Zug auf Gleis 7b –

MÄNNERSTIMME: 7a!

FRAUENSTIMME: – zwischen Gleis 7a und 7b zu übernehmen.

MÄNNERSTIMME: Meine Damen und Herren auf Gleis 7b. Interregio von Kiel zur Weiterfahrt nach Gelsenkirchen, Abfahrt 13.16 Uhr, fährt heute ausnahmsweise von Gleis 7a ab.

MÄNNERSTIMME: Da der Zug einen ziemlich großen Umweg fahren muss, um dorthin zu gelangen, wird sich die Abfahrt Ihres Zuges um etwa 40 Minuten verzögern. Also lassen Sie sich Zeit.

FRAUENSTIMME: Achtung, eine Suchmeldung. Gesucht wird irgendjemand, der gerne den Zug auf Gleis 7a/b nach Lübeck fahren möchte. Ich wiederhole: Wer den Zug auf Gleis 7a/b nach Lübeck fahren möchte, bitte zum ServicePoint kommen!

MÄNNERSTIMME: Meine Damen und Herren auf Gleis 7a und 7b. Bitte steigen Sie ein. Vorsicht an den Türen und bei der Abfahrt des Zuges. Ich fahre ihn dann mal eben nach Lübeck.

FRAUENSTIMME: Achtung, eine Suchmeldung. Gesucht wird Ansager Nr. 747.

Der Rest des Lebens

Ich muss zugeben: In dieser viel zu frühen Autobiografie nehmen die unterschiedlichen Lebensabschnitte deutlich unterschiedlich viel Platz ein. Die meisten Geschichten handelten von einer Zeit, die selbst mit »Schule und Studium« noch zu großzügig kategorisiert wäre. Keine Ahnung, wie das kommen konnte.

Auch der Rest des Lebens kommt – um allen Kritikern zuvor zu kommen – eindeutig viel zu kurz. Das könnte allerdings daran liegen, dass der noch bevor steht.

Da ich davon ausgehe, dass sich mein weiteres Leben in keinster Weise harmloser gestalten wird als das vorangegangene – denn ich wüsste nicht, durch welche Fügung keine lustigen Dinge mehr auf meine Kosten geschehen sollten –, kann man hilfsweise, um sich ein Bild von diesem weiteren Leben zu machen, einfach das Buch nochmal von vorn lesen.

Denn hier hinten ist, wie man sieht, bald kein Platz mehr.

Inhalt